Matthias Horx

SMART
CAPITALISM

Das Ende der Ausbeutung

Eichborn.

Die Deutsche Bibliothek – CIP-Einheitsaufnahme
Horx, Matthias:
Smart capitalism : das Ende der Ausbeutung / Matthias Horx. –
Frankfurt am Main : Eichborn, 2001
ISBN 3-8218-1664-3

© Eichborn AG, Frankfurt am Main, September 2001
Umschlaggestaltung: Moni Port und Irma Schick
Lektorat: Waltraud Berz
Layout: Cosima Schneider
Satz: Fuldaer Verlagsagentur, Fulda
Druck: GGP Media, Pößneck
ISBN 3-8218-1664-3

Verlagsverzeichnis schickt gern:
Eichborn Verlag, Kaiserstraße 66, D-60329 Frankfurt am Main
www.eichborn.de

INHALT

EINLEITUNG

DER KURZE FRÜHLING DER @NARCHIE

Wir leben anders! Wir arbeiten mehr als je zuvor, schaffen bis zu 14 Stunden am Tag, und die Arbeit macht uns bei weitem nicht so kaputt wie die »nur« acht Stunden vorher im Betrieb. Das liegt ganz eindeutig daran, dass uns der Sinn der Arbeit klar ist, dass die weit weniger entfremdet ist.

Aus der Selbstdarstellungs-Broschüre des Alternativprojektes ASH (Arbeiterselbsthilfe), Frankfurt am Main, 1976

Man kann nie sagen, was man später machen will, weiß aber ganz genau, was man nicht will: Jeden Tag frisch rasiert zur Arbeit kommen müssen. Einen Chef haben, der in einer anderen Welt lebt. Die Tage bis zum Wochenende zählen. Am meisten Angst haben wir vor dem Moment, in dem wir das, was wir lieben, »Hobby« nennen ...

Aus »Jetzt«, der Jugendbeilage der »Süddeutschen Zeitung«, im Sommer 2000

Am Anfang war ein Versprechen.

Das Versprechen beginnt im Jahr 2000 auf diesem Parkplatz am Rand einer Metropole im Herzen Europas. Bis zur Autobahn erstreckt sich ein lichter Wald aus Hochspannungsmasten, dazwischen Ensembles aus Wellblech und alten Autoreifen. Auf dem Parkplatz stehen etwa 30 alte, inspektionsmüde Autos, keines weniger als acht Jahre alt. Daewoo, Golf, Panda, ein ruinöser 180er Benz Diesel aus den frühen achtziger

Jahren. Und tatsächlich, eine überlebende Ente. Hintendrauf ein grell-roter Sticker: ICH KÜNDIGE FÜR IMMER!

Hinter dem Parkplatz erhebt sich ein Fabrikgebäude aus dem 19. Jahrhundert, mit melancholischer Düsternis und ebensolchen Ausmaßen. Zwei Etagen hell erleuchteter Lofts bilden einen scharfen Kontrast zu den Maschinenhallen, die als Industriemuseum fungieren. Dort wuselt eine unbestimmte Zahl von Pionieren der Neuen Ökonomie am Aufbau der Neuen Welt. Es riecht nach Schweiß und heißem Metall. Computerkabel winden sich durch die Gänge wie Spaghettibündel, Löcher werden lautstark durch Wände geschlagen, an anderer Stelle werden Trennwände aufgestellt. Drei Jungs mit Baseballkappen und schwarzen T-Shirts mit dem Aufdruck »*Working class hero*« schleppen 15 riesige Ficus benjamini hinein. »Keine Zeit, Bilder aufzuhängen, aber wenigstens ein paar geleaste Zimmerpflanzen.« Am Ende eines Ganges, in einem der unrenovierten Nebenräume, schlafen Leute auf Matratzen, andere starren in die Monitore und treten dabei auf Fahrradtrainern.

»Die sitzen schon 18 Stunden hier«, sagt einer der beiden Vorstände. Wir sind in einem kühlen Konferenzsaal, durch dessen halbtransparente, runde Wand man den Wald der Kabelbäume und Terminals übersehen kann. An die Wand hat ein Witzbold eine Kurve gemalt, die nach oben, in die Decke hineinführt. Dort, wo sie an die Deckenkante stößt, ist ein stilisiertes Mauseloch gezeichnet. »Wenn die sich nicht bewegen, schlafen sie ein.« Seine überdimensionierte Krawatte fliegt rot aus dem zerknitterten Hemd, er grinst durch eine Brille, die dem jungen Bill Gates alle Ehre gemacht hätte. Höchstens 26 Jahre ist er alt, auf seinen Backen glüht es.

»Wir wachsen mit 150 Prozent pro Monat. Wir müssen in spätestens zwei Monaten Marktführer sein. Und das Problem ist: Wann kommt man dazu, sich zu duschen? Deshalb bauen wir hinten Duschen ein. Das gehört zum Businessplan und zur Firmenkultur.« Der Mann ist ernsthaft, er hat eine Mission. Draußen auf dem Gang irren Leute zwischen

18 und 32 herum, die aussehen wie aus einem Kaurismäki-Film entsprungen: Ziegenbärtchen, Ohrringe, Baggy Shorts. Gepiercte junge Frauen wie aus einem Punkfilm.

»Ist nicht so leicht, neue Leute zu finden«, sagt der Vorstand entschuldigend. Er verdient wenig mehr als doppelt so viel wie seine »Mitunternehmer«, die ungefähr 3000 DM im Monat nach Hause tragen – wenn sie überhaupt nach Hause kommen. Vorerst. Arbeitsverträge? »Gehen wir nächste Woche an. War bisher keine Zeit dazu.«

Am Anfang war ein Versprechen. Und das Versprechen hieß NEUE ÖKONOMIE.

Die hinterste Ecke des Lofts fungiert als Küche. Die Mitarbeiter haben sie selbst eingerichtet, mit Großmuttermöbeln im Gelsenkirchener Barock. In der Mitte ein Tischfußballgerät, an dem eine stumme Vierergruppe lärmt. Im Kühlschrank, einem pinkfarbenen Designschrank von Bosch, finden sich Batterien von Red Bull, Essiggurken und riesige Schinkenbrötchen.

Anna H. sitzt in einem der Plüschsofas. Anna H. ist mit 34 eine der Seniors in diesem Startup-Unternehmen und einer der fünf Content Manager des Unternehmens. Sie hebt sich ab von den anderen, trägt ein schlicht-schrilles Prada-Kostüm und eine große Gucci-Sonnenbrille und raucht nicht. Sie hat ihr Medizinstudium vor fünf Jahren abgebrochen. Hat als Fahrrad-Kurier, PR-Frau und Animateurin in einem Reiseclub gearbeitet. Dann ist sie »der kreativen Hölle beigetreten«. Anna hat eine raue, meetinggestählte Stimme und versteht etwas von sanftem Zynismus. Sie wird nächstes Jahr drei Monate in die Karibik fahren. Garantiert. Schlafen. Nur Schlafen. »Nach zwei Jahren Kreativitätslager habe ich mir das verdient. Und es gehört zum Deal.«

»Die hier«, sagt sie, rollt mit den Augen und wedelt mit einer Reihe Computerausdrucke, »sind alle verrückt. Die brennen lichterloh. Und anders ginge das gar nicht. Denn das ist die zweite Revolution. Das, was die Achtundsechziger damals nicht geschafft haben.«

Und der Unterschied zu »damals«?

»Damals wollte meines Wissens keiner Millionär werden. Die hier wollen es alle. Und spätestens nächstes Jahr werden sie es sein. Reich. Reich *und* glücklich. Ist das etwa nichts?«

An der rau verputzten Designerwand steht auf wohngemeinschaftsmäßig hingekritzelten Zetteln:

Bitte räumt das Geschirr auf!

Und:

Macht was ihr wollt, aber macht es profitabel!

Und:

Work hard
Have Fun
Make History!

DER ERLEUCHTETE MARKT

VERGESST DAS INTERNET – ABER VERSTEHT ES ZUERST!

Alle Ökonomie wird zu einer »Ökonomie der Zeit«
Karl Marx

All Industry will end in a single huge bazaar, where a man will provide himself with everything.
Emile Zola, Money, 1891

Gerüche. Farben, Lärm. Der Duft von Gebackenem, Bitterem, Scharfem. Berge von runden, reifen Früchten. Gewürze und Köstlichkeiten, Lärm und Abfall. Verhandlungen, Feilschen, Geschrei. Geschichten aus anderen Ländern. Unglaubliche Geschichten!

Der Marktplatz ist ein duftender, vielfältiger, aber keineswegs ungefährlicher Ort. Schnell kann das Messer einmal locker sitzen, und hastewas-biste-was haut dich einer übers Ohr. Nichts steht fest, schon gar nicht der Preis. Der Markt kennt den Überfluss wie den Mangel: Die Früchte der Jahreszeiten sind preiswert, anderes wird über Nacht teuer, weil es von weither kommt oder irgendwo ein Brand ausbricht, eine Kutsche überfallen wird oder ein Pfeffersack umgefallen ist.

Dieses Jahr, lieber Freund, sollten es weniger Kürbisse sein und mehr Granatäpfel. Ja, Granatäpfel! Was, du willst keine anbauen? Zu mühsam? Streng dich an! Und ich mag diese goldenen Gürtelschnallen nicht, gib mir welche aus Zinn! Dafür zahle ich aber keine sieben Sesterzen, du Sohn eines Wucherers!

Der Markt ist ein zutiefst menschlicher Ort: *Soft factors* wie Sympathie, Vertrauen spielen eine gewaltige Rolle. Auf dem Markt erfahren Menschen etwas über die Welt. Der Markt ist der Ort der Sprache. Der Ort, an dem wir lernen, dass es einen Preis gibt, einen Wert und den Wert von Beziehungen. Der Ort, an dem Zukunft entsteht: Was heute einen Preis erzielt, kann morgen wertlos sein, ein Gegenstand kann einen Wert besitzen, den er erst später als Preis realisiert. Beziehungen und Informationen können sich als kostbarste aller Waren erweisen.

Es ist kein Zufall, dass zu allem entschlossene Terroristen den Terror zuallererst auf den Marktplatz tragen. Der Markt: Er ist das Zentrum des Ortes, das verletzliche Herz der menschlichen Kultur, die erste Sphäre der Öffentlichkeit und des Sozialen.

In der Weltordnung der feudalen Welt bestimmten zwei eherne Kraftzentren die Ordnung: der Herd und der Hof. Der bäuerliche Herd zementierte die Ordnung der Familie, die Herrschaft der Altvordern. Bei Hofe verzweigten sich die Hierarchien nach den Gesetzen von Reichtum und Blut, die genealogische Ordnung der Sippe regierte die soziale Welt: statisch, patriarchalisch, hierarchisch. Selbst wenn Intrige, Giftmord und Lüsternheit immer wieder zu Veränderungen führten.

Der Markt hingegen war immer schon eine Keimzelle des Aufruhrs. Der wirre Lärm, der vom Markt herüberdrang, erzeugte Unruhe im Palast. Wer trieb sich dort herum? Rottete man sich zusammen? Auf dem Markt konnte man etwas werden, ohne etwas zu sein, als Hasardeur, Ehrenmann, Gauner oder Informant – durch Fleiß, Raffinesse, Schlauheit, Smartness. Die Seefahrer, Gewürzhändler, Importeure brachten das Neue, das einen hohen Preis und hohe Aufmerksamkeit erzielte.

Im Römischen Reich unterlagen die Märkte engen militärischen Kontrollen, im Pharaonenreich waren sie verstaatlicht. Die Märkte des Mittelalters – die ersten offenen Märkte – waren ein Raum, der nicht freiwillig vergeben wurde. Die Fürsten Europas sahen sich im 14. Jahrhundert gezwungen, für ihren aufwendigen Lebensstil (und nicht selten ihre Kriegspläne) neue Einnahmequellen zu erschließen. Sie stellten Handwerker und Bauern in ihren Festungen geschützte Räume des Austausches von Waren und Dienstleistungen zur Verfügung. Wer kam, um zu handeln, musste einen Marktobulus zahlen, bekam dafür aber einen Ort, wo die Teilnehmer mit garantierten Regeln aufeinandertreffen konnten: die Marktordnung, garantiert durch die Hellebarden des Fürsten.

Die ersten hoch entwickelten Marktplätze des europäischen Mittelalters fanden sich – kein Zufall – in den handelsorientierten Regionen Europas, in den Niederlanden, im Ostseeraum, in England, aber auch in Teilen der Mittelmeerländer, zum Beispiel Portugal und Spanien. Hier herrschte ein früher liberaler Geist, hatten Abenteurer und Eroberer neue Waren und Ideen gebracht. Wo Märkte blühten, blühten auch Kunst, Architektur und geistiges Leben. Wie im Florenz der Medicis, oder in *dem* Handels- und Marktzentrum der Renaissance: Venedig. Venedigs außerordentliche Architektur, sein humanistischer Mut, entstammte dem dynamischen Handelswesen, das sich im frühen 13. Jahrhundert zwischen der arabischen und zentraleuropäischen Welt entwickelt hatte. Während der Rest Europas noch in der Dumpfheit des ständischen Feudalismus verharrte, förderten die Marktkulturen nicht nur Künste und Technologien, sie entwickelten auch eine frühe bürgerliche Kultur, die den Republikanismus begründen sollte – und schließlich die Keimzelle der industriellen Revolution bildete.

Doch in den letzten zwei Jahrtausenden der Menschheitsgeschichte blieb der freie Markt eher eine Ausnahme als die Regel. Despotien, Oligarchien, Monopole, Bürokratien aller Art – die meisten Systeme, die die Menschheit im Laufe der Zivilisationsgeschichte hervorgebracht hat, hatten wenig Interesse an freien Märkten. In keiner sozialen Utopie – von Campanellas Sonnenstaat bis Fouriers Bildungssozialismus – finden wir den Markt als sozialen Ort. Im Gegenteil: Seine Schmuddelig-keit und Unberechenbarkeit störte. Auch die sesshaften Bauern und Bürger nebenan waren nicht unbedingt immer freundlich gestimmt gegenüber seiner chaotischen Kraft, selbst wenn sie von ihm profitier-ten.

Und viele Organisationen, die im Laufe der Geschichte entstanden sind, hatten kaum eine andere Aufgabe als den Markt zu verhindern.

In der »Thorner Zunfturkunde« des deutschen Handwerks vor 250 Jah-ren hieß es:

dass kein Handwerksmann etwas Neues erdenken oder erfinden oder gebrauchen soll, sondern ein jeder aus bürgerlicher und brüderlicher Liebe sein Handwerk ohne des Nächsten Schaden betreiben soll.[1]

Und heute? Wenn es nicht gerade um den gemütlichen Wochenmarkt geht, ist »Markt« hierzulande eher ein Schimpfwort. Marktkräfte sind dämonisch, antisozial, kalt. Markt muss »reguliert« und »gezähmt« werden, man muss »seine Stacheln ziehen«, seine »Ungerechtigkeiten« beseitigen. Der Markt – das waren wahlweise und beliebig immer schon »Wall Street und Kapitalismus«, heute »McDonald's und Neoliberalis-mus«. Der Hass gegen den Markt war immer auch mit den Unheilst-raditionen Europas verbunden, mit Fremdenhass und Antisemitismus. »Feilschen«, »Schachern«, »Basar« – das sind im Deutschen, aber auch in einigen anderen europäischen Sprachen Wörter der antisemitischen Un-Sprache.

In der Geschichte des Marktes – und seiner kulturellen Wahrnehmung – spiegelt sich die Geschichte der Zivilisation. Seine Geschichte ähnelt einem schwankenden Boot auf den Wogen der Geschichte und des Zeit-geistes.

Der Markt kann »wuchern«, »explodieren« und »kultisch verrückt spielen«, wie die Geschichte mit den Tulpenzwiebeln im ausgehenden 15. Jahrhundert zeigt. Der Markt kann sich, über Nacht und drastisch, selbst korrigieren, und nichts bleibt als ein Kräuseln auf der Wasseroberfläche. Er blüht auch – und gerade – auf Trümmern. Der Markt funktioniert über das Medium Geld, aber an all seinen Ecken und Enden franst das Geld aus. Es geht über in Tausch und Nachbarschaftshilfe. Im Markt spiegeln sich die Träume und die Hysterien, die Ängste und Hoffnungen. Der Markt ist ein symbolisches Geflecht zwischen den Menschen und seinen Werten.

Der Markt ist das Wesen der Kultur! Und der Stachel der Evolution.

DIE HÖLZERNEN MÄRKTE DER INDUSTRIEGESELLSCHAFT

In der industriellen Produktionsweise wird ein Gegenstand, ein Produkt, in hoher Stückzahl in einem langen, arbeitsteiligen Prozess unter ständigem Zusatz von Kapital, Material und Logistik hergestellt. Für die meisten Industrieprodukte hat sich dabei eine mehrgliedrige lineare Kette aus verschiedenen Schritten herausgebildet, die von der Bedarfsermittlung über den Einkauf von Teilen, das Erstellen der Logistik bis zur Lagerung und zur Auslieferung reicht (siehe Abb. 1).

Der Unterschied zu einem wirklichen, einem lebendigen Markt, fällt sofort ins Auge: Bei den meisten Produkten dauert es Jahre, bis sie ihren Weg in den Markt finden. Der ganze Prozess ähnelt einem Schießen ins Dunkle: Die Kalkulation, die den Preis erzwingt, ist »steif«, d.h. sie muss ohne flexibles Wissen darüber erfolgen, was der Kunde bereit wäre zu bezahlen. In einigen Jahren, wenn das Produkt auf den Markt gerät, kann sich die Bedürfnislage längst geändert haben. Der Preis entsteht nicht aus den Bedürfnissen des Kunden, sondern aus der Angebotslogik der Produktion, des Kapitaleinsatzes heraus.

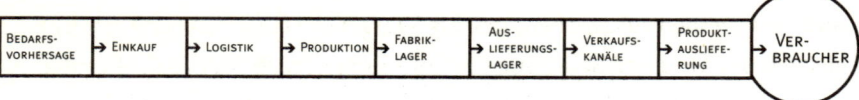

Abb. 1: Die industrielle Wertschöpfungskette

Diese steifen ökonomischen Ketten machen Produkte trotz aller Rationalisierung und Produktivität industrieller Systeme teuer. Sie erfordern Heerscharen von Mediatoren zwischen Märkten und Menschen: Psychologen, Marktforscher, Meinungsexperten, Berater. In jeder Einkaufspassage lungern die Befrager der Konsuminstitute, in unzähligen Haushalten stehen komplizierte Apparate, die Werbezeiten und Einschaltquoten messen, Konsumenten werden auf die Couch gelegt und durch die Mühlen der Tiefenpsychologie gedreht, um ihnen ihre intimsten Wünsche zu entlocken. Und dennoch: 80 Prozent aller Marktneueinführungen sind heute millionenteure Flops.

Die industrielle Produktion hat ein Babylon des Angebots und der Nachfrage erzeugt, in der Sprachlosigkeit und Überdruss herrschen. Die meisten Innovationserfolge der vergangenen Jahrzehnte, vom Van bis zum Handy, wurden in Markttests von den Konsumenten vorher abgelehnt. Umgekehrt wurden eine Unmenge guter Ideen gar nicht erst produziert, weil sie nicht in die Produktionsraster der Industrie passten. Industrieller Markt ist eine Wüste von Verschwendung, in der der Wind immer aus der Luvseite des Angebots weht. Schon die Sprache verrät dies. Am Ende der Kette steht der »Verbraucher«, der brave Vertilger des Endprodukts, der brave Verwerter am Ende der Wertschöpfungskette. Ver-brauch-er! – man lasse das Wort für sich sprechen!

Die Sprache des Marketings ist verräterisch. Sie erzählt die Geschichte von einer Markt-Wirtschaft, in der der Mensch an den langen Drähten der industriellen Produktion zappelt. Er ist Objekt, nicht Subjekt des Marktes. Er ist »Zielgruppe«, »Cluster«, »Target«; gewaltige Geldsummen werden ausgegeben, um das »Target« aufzuspüren und zu »penetrieren«. Und der Staat mit seinem Hunger nach Marktregulierung verstärkt diesen Effekt der Entfremdung zwischen Mensch und Markt. Die Obstberge und Milchseen der EU, der Rinderwahnsinn der Fleischerzeugung, die sinkende Qualität der Lebensmittel – auf einem echten Markt würde man den Händlern solche Ware um die Ohren hauen! Auf jedem echten Markt würden überschüssige Güter schnell billig werden und sich die Produktion über Nacht den Wünschen der Käufer anpassen. Industriekapitalismus in unseren Breiten hingegen beschäftigt eine riesige Anzahl von Menschen mit der Erzeugung, Verwaltung, Regulierung und Dauererhaltung von nicht-marktfähigen Produktionssystemen: Stahlarbeiter sollen Stahlarbeiter, Bauern wie gehabt Bauern bleiben. Kein Wunder, dass der heilige Zorn des Konsumenten immer größer und größer wird – und sein Misstrauen sich in Boykotten, Kaufunlust und gnadenlosem *smart shopping* Luft verschafft (und bisweilen in antikapitalistischen Ausfällen).

VALUE CHAINS: DAS COMEBACK DES KUNDEN

Die Netzwerktechnologie, die das Internet in unsere Welt bringt, zerstört die Linearität der industriellen Wertschöpfung auf mehreren Ebenen.

Sie beschleunigt zunächst ihren Zeitpfeil. Sie attackiert ihre dunklen Ecken – jene Nischen der industriellen Ökonomie, in denen unproduktive und zeitintensive Tätigkeiten (Lagern, Vorhalten, Herumfahren) den Preis in die Höhe treiben, aber nicht den Nutzen für den Konsumenten erhöhen. Die spanische Textilkette ZARA zum Beispiel benötigt nur noch 14 Tage, um eine neue Modekollektion auf den Markt zu bringen – durch eine durch das Netz integrierte totale Innovationskette mit direkter Trendrückkoppelung aus den Geschäften. Und dies in einer Branche, die im Grunde schnelllebig ist, bis vor kurzem jedoch einen normalen Produktzyklus von zweieinhalb Jahren hatte!

Schließlich stellt das Internet am toten Ende der Wertschöpfungskette, dem des Konsumenten, einen Sender auf, der nun in den Markt hineinruft. Diesen Effekt hat Michael Dell, der Gründer von Dell Computers, am besten beschrieben. Dell stellt Computer nur noch *on demand* her – auf »Zuruf« des Abnehmers und innerhalb von vier Tagen:

Statt wie gewohnt immer bessere Produkte zu entwickeln und auf den Markt zu werfen – in der Hoffnung, dass die Kunden ihre Qualität erkennen und wir ein Maximum davon absetzen –, kehren wir die Sache um. Wir fragen den einzelnen Kunden, welchen Computer er haben möchte, damit wir ihn bei seinem Erfolg unterstützen können.

Die Neue Logik der Neuen Ökonomie beginnt an ihrem Anfang: Unternehmen beteiligen ihre Kunden an der Entwicklung der Produkte. Websites wie Ecircle.com organisieren diesen Prozess bereits im Auftrag der Hersteller: Sie bieten Foren zur Verbesserung von Produkten und Services. Communities und Verbraucherplattformen wie Ciao.com, Dooyoo.com oder Vocatus.de bündeln die Meinung der Konsumenten und spiegeln sie den Herstellern: Aus dem Konsumenten wird der Pro-Sument.

Wie David Bovet und Joseph Martha es in ihrem Buch »Value Nets«[2] formulierten: Aus Wertschöpfungs*ketten* werden auf diese Weise Wertschöpfungs*netze*. Unternehmen gruppieren sich nun rund um den Kunden, dem sie mit Hilfe von anderen Dienstleistern und Providern dienen. Durch den permanenten Prozess elektronischer Rückkoppelung erfahren sie immer mehr über seine Bedürfnisse und bedienen sie mit einem ganzen Fächer von Service, Lieferung und Entsorgung.

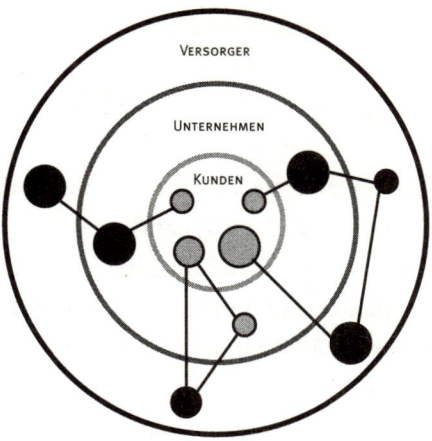

Abb. 2: »Werteketten« in der Wissensgesellschaft (nach Bovet/Martha)

In dieser neuen Welt des Providing geht es immer weniger um einzelne Produkte, sondern um Marktprozesse. Es ist vor allem der *Zugang* zum Kunden, der nun zum »Asset«, zum eigentlich wertvollen Produktionsfaktor wird.

Aber wie funktioniert das alles? Beschäftigen wir uns noch ein wenig mehr mit den Gesetzen dessen, was wir leichtfertig und ohne allzu tiefes Verständnis in den letzten Jahren »Neue Ökonomie« zu nennen pflegten ...

TRANSPARENTE MÄRKTE

Mitte der achtziger Jahre, zu Beginn des ersten Börsenbooms, schossen in den Großstädten Cafés und Kneipen mit Namen wie »Cash Flow« oder »Zitterkurs« aus dem Boden. Auf Monitoren über der Theke wurden die Getränkekurse notiert, und man bezahlte soviel fürs Bier, wie die Gäste Nachfrage erzeugten. Je mehr Nachfrage nach einem bestimmten Getränk, desto höher der Preis. Die Folge waren grässliche Kopfschmerzen, denn die Kunden einigten sich schnell darauf, keine allzu große Nachfrage nach einem bestimmten Getränk zu erzeugen. Und tranken alles durcheinander.

Was als Beitrag zur Spaßkultur begann, war in Wirklichkeit ein Hinweis auf die Zukunft. Das Internet macht die Preise – alle Preise – verhandelbar und disponibel. Die klassische Marktsituation im Internet ist eben nicht die Ja-Nein-Situation des klassischen Klick (»In den Einkaufskorb«), sondern die Versteigerung. Ich biete den Preis, der »Kunde« = Hersteller reagiert. Oder das Flohmarkt-Prinzip: Ich biete einen Gegenstand, eine Innovation, und teste, ob eine Nachfrage dafür existiert.

Natürlich werden wir in Zukunft nicht jeden Gegenstand des täglichen Bedarfs ersteigern wollen. Aber die Kunden-Kompetenz wächst – der *smart shopper* ergreift die Macht auf den Konsummärkten. Jeder, der einmal mit einer virtuellen Preisagentur gearbeitet hat, weiß, dass man mit wenigen Kommandos über den ganzen Kontinent den billigsten Anbieterpreis für eine Segeljacht, einen Videorecorder oder ein Auto abfragen kann. Selbst wenn man sich dann nicht für das billigste Angebot entscheidet (zum Beispiel aus Servicegründen) – man *kennt* es. Und kann mit diesem Wissen den nächsten stationären Händler am Ort unter Druck setzen!

Durch das Instrument Internet wird der Preis in lauter kleine Scheiben geschnitten und damit für den Kunden decodiert. Wird demzufolge der »empowerte« Konsument des Internetzeitalters immer nur den billigsten Preis zahlen wollen und dadurch ganze Branchen in den Ruin treiben? Das ist eher unwahrscheinlich. Zur Eigenschaft dynamischer Märkte gehört auch, dass sich Erfahrungen schnell herumsprechen. Ein Auto ohne Service, ein Computer ohne Systemhilfe ist wenig wert (das ist einer der Gründe, warum der PC-Markt in die Krise geriet: Computer sind nicht wirklich billig, sie erfordern enorme Investitionen in technische Assistenz oder eine gigantische Zeit-Lern-Investition des Users). Was sich durchsetzen wird, ist vielmehr Preistransparenz: Wir Kunden verstehen ein Produkt mehr in seinen gesamten Nutzungskomponenten, und was wir verlangen sind unverschleierte Preise: Welcher Anteil vom Preis bezieht sich auf Marketing, Produktion, Handel, Servicequalität? Ist der angeblich so kundenfreundliche Großhändler, bei dem man weder etwas zurückgeben noch ein Produkt fachgerecht reparieren lassen kann, nicht nur ein Trugbild?

Menschen lernen schnell, wenn man sie lernen lässt. Sie lernen auch, dass es sinnvoll sein kann, mehr für Service und Komfort zu bezahlen! Transparente Märkte fördern deshalb mittelfristig auch Dienstleistungen. Und sie sind immer auch mit Meinungen und Erfahrungen verknüpft. Auf dem alten Marktplatz gab es nicht nur das Display der Waren und den Preisvergleich, sondern auch die Vielzahl der Meinungen, die im Marktgeschnatter verfügbar waren. In der Welt der »Dynamiconomy« ersetzen Test-Sites wie Dooyoo diese Meinungs- und Informationsmärkte.

Für viele industrielle Anbieter bleibt diese neue Transparenz jedoch ein wahrhafter Alptraum. Low-Interest-Produkte, Warengruppen mit wenig Stil und Phantasie, Gegenstände des so genannten täglichen Bedarfs, eingeschliffene, bleierne Märkte ohne Glanz: Hier geht es immer nur um den Preis, und das bis auf die Knochen! Denn einen großen Teil unseres spätindustriellen Wohlstands verdanken wir eben *nicht* effektiven, kundenfreundlichen, smarten Produkten und Dienstleistungen, sondern den diversen Techniken der Marktintransparenz. In unseren heutigen Wertschöpfungsketten haben sich jede Menge toter Ecken eingenistet, Weidegründe für Schmarotzer, Pfründe für Leistungen, die keine Leistungen sind. Der Kunde gewinnt an Macht, indem er das geschickt getürmte Gebäude aus Zuschlägen, Handelsspannen und Werbekosten durchschaut und gegebenenfalls torpediert. *Alles, was ihm keinen realen Nutzen bietet, fällt aus der Wertschöpfungskette heraus.* Auch wenn der Produzent noch so sehr zu seinem Händler hält – im virtuellen Raum steht stets die Drohung, die gesamten Kosten des Handels zu sparen und dort zu kaufen, wo die Ware die Produktionsstätte verlässt. Der Internetbuchhändler Amazon nutzt die neue Situation zunächst für sich, indem er den Kunden zum Zwischenhändler macht und ihm für Käufervermittlung über dessen Homepage zehn Prozent Provision zahlt. Die Folge der Transparenz ist eine völlige »Nacktheit« des Käufer-Produzenten-Verhältnisses. Handel wird zertrümmert und in reale Dienstleistungen aufgelöst.

Als im Winter 2001 mehrere US-Fluglinien Meilengutschriften an ihre Kunden schickten, um sich für Verspätungen zu entschuldigen, dabei aber Kunden in New York aussparten, stürmten Zehntausende wütende Kunden per E-Mail die Beschwerdebriefkästen und drohten mit Flugstreik. Der Kunde, der immer der Depp war, zieht dem Verkäufer die Hosen herunter. Er diktiert die Bedingungen. *Zehn Sesterzen? Wenn deine Fische drei Sesterzen kosten, schicke mir eine E-Mail!*

FLÜSSIGE MÄRKTE

Es ist kaum fünf Jahre her, als jemand, der eine gute Geschäftsidee hatte, auch ein echtes Problem hatte: Woher das Kapital zur Realisierung nehmen? In der Produktionsgesellschaft bedeutete Idee wenig, Stückzahl und Hardware dagegen unendlich viel. Wer eine Fabrik/Grundstück besaß, war reich, wer Ideen hatte, war allenfalls ein Intellektueller. Ein erfahrener Ingenieur, der bei seiner Hausbank mit einer soliden Internetidee um einen Unternehmenskredit angefragt hätte, wäre mit Formularen solange traktiert worden, bis er aufgegeben hätte.

In der Blütezeit der New Economy drehte sich diese Logik geradezu um – man bekam für jede halbgare Idee Millionen hinterhergeschmissen. Und auch, wenn Risikokapital heute wieder knapper geworden ist, zeigen sich doch hier die Fundamente einer neuen Marktlogik. In wissensökonomischen Märkten ist Kapital, anders als in industriellen Systemen, nicht mehr knapp. In ihnen werden nicht Produktionen, sondern Ideen bewertet. Kapital wird allgegenwärtig und überall verfügbar, unruhig und flüchtig, mit anderen Worten: billig.

Das bedeutet, dass wir die alten ehernen Regeln der Tresore und Bankgebäude, auf denen die industrielle Ökonomie fußte, mittelfristig überwinden. Plötzlich bewegen sich ganz andere Spieler auf dem Feld von Einfluss und wirtschaftlicher Macht. Menschen, die nicht mehr in grauen Anzügen unter ihresgleichen verweilen. Menschen mit seltsamen Baseballkappen und weiten Hosen. Menschen mit einer Lockerheit, die die Sphäre des Geldes mit ihren langsamen Zinsmühlen und diskreten Akkumulationen nie hervorbringen konnte. *Menschen mit Ideen.* Es heißt aber auch: Eine Phase der Überspekulation, der Hypes, ist unvermeidlich. Wie jeder neue Rohstoff neigt auch der Rohstoff Wissen in seiner Markteinführungsphase zu erratischem Verhalten.

EFFIZIENTE MÄRKTE

In der industriellen Welt verlief die Erzeugung von Gütern – und die Schöpfung von Mehrwert – auf relativ überschaubaren Pfaden. Das Surplus, der Überschuss oder der Profit, errechnete sich aus der Differenz von Kapital- bzw. Produktionskosten und erzieltem Preis. Dabei waren die Margen immer relativ begrenzt, denn für jedes industrielle Produkt musste immer wieder der annähernd gleiche Aufwand von Kapital, Arbeit und Rohstoffen bereitgestellt werden. Zwar wurde die Produktion – durch Know-how und Rationalisierungseffekte – im Lauf des Produktionszyklus langsam billiger, aber dieser Effekt war praktisch zu vernachlässigen (und wurde oft durch Rohstoffpreis- und Lohnerhöhungen aufgehoben).

Die immateriellen Güter, die in der Neuen Ökonomie die Hauptrolle spielen, brechen aus diesen Gesetzen aus. Wachstum bedeutet nicht mehr »circa sechs Prozent pro Jahr, plus minus Konjunktureffekt«, sondern Verdreifachung in einem Jahr. Die Art und Weise, wie die Börsen eine Zeit lang innovative IT-Firmen bewerteten, spiegelte diese Hebelwirkungen.

- **Der Null-Produktionskosten-Effekt:** Wer eine Software erstellen lässt, muss zwar am Anfang meist eine hohe Summe investieren, wenn das Produkt Erfolg hat, ist jedoch die Hebelwirkung enorm: Ab der 10.000sten Kopie schöpft das Produkt reinen Mehrwert, vor allem dann, wenn man es direkt über das Netz vertreiben kann. Ein neues Medikament oder eine Chiparchitektur auszutüfteln, ist teuer – die Produktion kostenmäßig fast zu vernachlässigen. Wissensökonomie verschiebt also die Investition dauerhaft von Produktion zu Erfindung.
- **Der Netzwerk-Effekt.** In einem Netzwerk wird jeder Knotenpunkt auf Dauer wertvoller, wenn die Anzahl der Teilnehmer zunimmt. Ein Faxgerät ist nutzlos, zwei schon besser, 10.000 bilden einen Nischenmarkt, eine Million Faxgeräte sollten eigentlich dazu führen, dass das einzelne Gerät sich stark verteuert, denn nun ist es exponentiell wertvoller als vorher! Dabei entsteht ein Schereneffekt zwischen Preis und Wert: Da technische Geräte tendenziell billiger werden, aber ihr Nutzen gigantisch steigt, »boostet« das die Effektivität des gesamten Systems.
- **Der Portal-Effekt.** Der Zugang zum Kunden ist in einer Netzwerkökonomie die Königskunst mit völlig neuen Möglichkeiten. Die großen Portale erzeugen neue, fast intime Kundenbindungen, *virtual communities*, die gleichzeitig individuell *und* massenhaft sind. Deshalb gab es in den rosa Zeiten der New Economy Unternehmen, die nur aufgrund ihres Datenbestands – Adressen, E-Mail-Adressen etc. –

Milliarden wert waren: Wer Zugang zum Kunden hat, kann ihm, so die Spekulation, womöglich über lange Zeit etwas verkaufen – und dabei lernen, seine Kosten im Vergleich zum Erlös immer weiter zu reduzieren.

Natürlich wurden diese Hebelwirkungen auch überbewertet, und manche von ihnen haben ihre Tücken. Aber dennoch gilt: In informell gesteuerten Märkten herrscht eine völlig andere Musik als in der Welt der dinglichen Produktion – ein wilder, stampfender, 200-bpm-Beat, der nicht von schlechten Eltern ist! Der Sound einer großen, allumfassenden Welt- und Wunschmaschine!

INDIVIDUELLE WUNSCH-MÄRKTE

Wie oft haben wir schon einen Prospekt oder Katalog durchgeblättert und gedacht: »Ich wünschte, jemand würde ein Buch schreiben über …« oder: »Gäbe es doch nur ein Fahrrad mit …« oder: »Warum stellt keiner einen Schraubenzieher her, der …« oder: »Warum gibt es das nicht in Blau?« Ein Versandkatalog kann darauf nicht reagieren. Das Internet sehr wohl.

So schrieb es Douglas Adams, der Autor von »Per Anhalter durch die Galaxis« in seinem Internetführer[3]. Informell gestützte Märkte werden erst dann richtig reif, wenn sie für den ganz und gar individuellen Kunden einen wirklichen Vorteil versprechen. Das Netz ermöglicht eine ständige Testwerkbank, auf der Unternehmen Ideen und Innovation von den Kunden abstimmen lassen können. Umgekehrt speist der Kunde sein individuelles Wünschen ein. Der nordamerikanische Auto-Versicherungskonzern Progressive (www.progressive.com) hat einen Computer herausgebracht, den seine Kunden in ihrem Auto montieren können. Der Rechner registriert mit Hilfe eines GPS-Systems jede Fahrbewegung. Da Nachtfahrten riskanter sind als Tagfahrten, Fahrten in der Rushhour und auf bestimmten Routen gefährlicher als auf anderen, ist der Risikofaktor im Auto je nach Fahrverhalten sehr verschieden. Je nach Unfallhäufigkeit und Risikobereich wird die individuelle Versicherungsprämie berechnet. Endlich können die Sonntagsfahrer mit Hut für ihre Angewohnheit, den Wagen überwiegend in der Garage zu parken, durch eine radikale Senkung ihrer Prämie belohnt werden.

Der Supermarkt der Zukunft wird in zwei Ausführungen vorhanden sein: real und virtuell. Beide »Räume« unterscheiden sich nicht wesentlich, lediglich riecht und fühlt es sich im »Real Shop« etwas reicher und intensiver. Ich trete ein, und mein Communicator schaltet sich auf Vergleichsscan. Alle aktuellen Angebote, die mir bei meinem Gang zugeflüstert, zugeblitzt und zugescannt werden, werden sofort mit den Angeboten von Konkurrenten verglichen, die in kleiner grüner Schrift neben den aktuellen Angebotspreisen auftauchen, wenn sie günstiger sind. Mein Communicator wird nicht bei jeder kleinen Preisabweichung sofort den Vorschlag machen, den Provider zu wechseln, sprich den Einkauf abzubrechen. Er wird abschätzen, ob sich der Zeitaufwand lohnt, umzudrehen und wieder hinauszugehen ...

Während ich durch die »Gänge« gehe, werden mir für Dinge, auf die meine Aufmerksamkeit fällt, momentane Preise genannt. Aber auch diese Preise sind nicht fix. Ein Bündel besonders reifer Tomaten kann man leicht unterbieten. Beim Waschmittel bieten wir auf Menge dagegen:

»10 Pakete minus 20 Prozent.«

»12 Pakete minus 15.«

O.k., aber plus Extramiles (natürlich habe alle Retailer in Zukunft Meilen-Bonus-Programme, die ich für Reisen, Lifecoaching oder Gesundheitsdienstleistungen ausgeben kann).

Einige Gegenstände sind sehr frisch, sehr neu, sehr delikat. Heute gibt es etwa Tiefseefisch zu astronomischen Preisen – d. h. Preisen, die sich alle drei Sekunden massiv verändern. Ein Algorithmus, der immer bei so genannter HotWare auftaucht – seltener Ware mit einem Neuigkeitseffekt, die volatile Märkte erzeugt.

OFFENE MÄRKTE

Wer hat Marktzugang? In der agrarischen Welt waren es diejenigen, die den Marktobulus an den Lehnsherren bezahlen konnten. In der Epoche der Massenproduktion wurde der Eintrittskanal in den Markt immer enger – was sich unter anderem am Rückgang selbstständiger Arbeitsformen zeigte. Wer in der Ära der Massenprodukte etwas vermarkten wollte, brauchte Fabriken, Grund und Boden, Rohstoffe, Handelswege und Kapital.

Das Internet schafft auch hier eine gloriose Befreiung: Der Flaschenhals des Marktzugangs wird deutlich geweitet. Zwar kostet es auch ein wenig Geld plus Kulturtechniken (oder gute Beziehungen zu pickeligen Computerfreaks), eine Website zu basteln und in Gang zu halten. Aber in der Netzwerkökonomie gilt das Hebelgesetz auch für die Kleinen, die Hässlichen, die Abgelegenen – und diejenigen, die in Nöten sind:

- Darin Hayes, ein ehemaliger Werbemann aus Idaho, hat die Website uglies.com gegründet und ist tatsächlich Millionär geworden. Eine abgrundtiefe Website, auf der grauenhafte Unterhosen angeboten werden. Genauer: Boxer-Shorts. In unsäglichen Schnitten und schrillen Farben. Motto: *Sie sind so hässlich, dass Ihre Freundin Sie auf Knien bitten wird, sie auszuziehen.* Hayes sagt ernsthaft: *Wir streben in den nächsten Jahren die Dominanz des Weltmarkts an.*
- Sally Robinson ist eine Bäuerin in Wales, die mit ihrem Mann viele Jahre von der Schafzucht lebte, auf einem Hof in vierter Generation. Eine starke, robuste Frau. 1998, die Schafpreise waren gerade wieder einmal tief gefallen, entschloss sich Sally zu einem Nebengeschäft. Sie gründete nach einem Kurs in einer Volkshochschule in der nächsten Kleinstadt die Dot.com-Firma amplebosom.com. Eine Website, die sich mit dem Vertrieb – und der qualifizierten Beratung – von

Büstenhaltern für »starke Frauen« – jenseits Oberweite 80 – beschäftigt. Um dieses Geschäft zu verstehen, muss man begreifen, wie schwierig es für Frauen mit extraordinärem Brustumfang ist, an ein so banales Produkt wie einen Büstenhalter zu kommen. Der Weg in die Stadt ist oft weit, Spezialgeschäfte mit Beratungskompetenz sind rar, das Ganze ist oft mit Peinlichkeit und mit Scham besetzt. Deshalb ist es kein Wunder, dass Sally, die nach drei Jahren auf 3,5 Millionen Pfund Umsatz kam, gerade ihre Website professionell ausbaut. Sie will ihre Schafsfarm keineswegs aufgeben, dort empfängt sie Kundinnen und fühlt sich zu Hause. Ihr knorriger Mann sagt grinsend: »Ich muss kein Millionär sein. Aber es ist gut, mit einer zu schlafen.«

- Die beiden Kinder von Sharon Terry aus Boston leiden unter der seltenen Erbkrankheit Pseudoxanthema, ein Leiden, bei dem Kalzium in Herz, Arterien und Netzhaut eingelagert wird. Als Folge können die Augen degenerieren und Durchblutungsstörungen auftreten, die zu Siechtum führen. Da die Krankheit selten ist – einige Tausend Patienten weltweit –, hat die Forschung wenig Interesse an der Entwicklung von Gegenmitteln. Das brachte Sharon Terry dazu, mit ihrem Mann die internationale Selbsthilfegruppe PXE zu gründen. Im Lauf der Zeit entwickelte sich diese Initiative mithilfe des WWW zu einer Art eigener Forschungsplattform. Mit Erfolgen: Das Ehepaar baute eine Blutbank von PXE-Kranken auf. Aufgrund dieses Materials konnten zwei Labors im Sommer 2000 das PXE-Gen isolieren und identifizieren – erster Schritt zu einer Therapie.[4]

- Norwegen, am Polarkreis. In dem 300-Seelenort Bugoynes, einem Ort aus hübschen Holzhäuschen zwischen kahlen Felsen hat sich in zwei Jahren eine Menge verändert. Wenn es dunkel ist, und das ist es fünf Monate lang Tag und Nacht, glühen in den Holzhäusern nun die blauen Lichter des großen Netzes. Die Einwohnerzahl hat sich seit 1999 erhöht – um 30 neu zugezogene Familien. Es gibt inzwi-

schen zwei florierende Cafés, ein Fitnessstudio – und jede Menge
Hoffnung. Der Grund? Im Jahr 2000 griffen die Einwohner von Bugoynes zu einer seltsamen Maßnahme. Sie schalteten im Osloer
»Dagbladet«, der größten Tageszeitung Norwegens, eine ganze An-
zeigenseite, in der sie ihre gesamte Ortschaft zum Verkauf anboten.
WILL UNS JEMAND HABEN? Wer will schon ein Fischerdorf
ohne Zukunft am Nordmeer? Es wollten welche. Der Medienrum-
mel, der nun einsetzte, katapultierte den Weiler auf die Titelseiten
der skandinavischen Zeitungen. Die Fischfabrik wurde von einem
amerikanischen Investor saniert. Ein großes Internetcafé dominiert
heute die sozialen Funktionen des Ortes. Aus Oslo rollte plötzlich
Geld für Existenzgründungen. Eine Seeigelzucht ist heute eine der
lukrativen Startups in Bugoynes. Deren Rogen wird an die Japaner
verkauft, denn Japaner lieben Rogen. Und natürlich: Der Ort wurde
komplett ans Internet angeschlossen![5]

Diese eher zufällig ausgewählten Geschichten über den Alltag der Neu-
en Ökonomie zeigen, wie das Internet auch den kleinen Spielern einen
neuen Zugang zum Markt gibt. Es geht um *access*: Netztechnologien
verwandeln die Inhaber von prägnanten Ideen in globale *market player*.
Vor allem klar definierte Nischen sind es, die durch das elektronische
Netz an den großen, globalen Marktplatz angeschlossen sind. Nicht das
Allgemeine, Massenhafte, Akzeptierte profitiert vom Netz, sondern das
Besondere, Eigenwillige, Spezielle und Spezifische findet nun seinen
Weg ins Licht der Märkte.

BOTONOMIK ODER DIE ZUKUNFT DES MARKTES

Werden wir in Zukunft alle zu *hypersmart shoppern*, zu Super-Konsumen-
ten, die sich mithilfe des Internets täglich damit vergnügen, Wert-

schöpfungsketten zu zertrümmern? Gemach. Wir haben schließlich auch noch etwas anderes zu tun. Freier Markt heißt auch, dass wir uns von der permanenten Auseinandersetzung mit dem Markt irgendwann verabschieden können. Und den höheren Künsten zuwenden können. Dem Lernen, der Kunst und der Mathematik.

So, wie früher die Herren und Damen bei Hofe (und später auch die wohlhabenden Bürger der Gründerzeit) Boten auf den Markt schickten, die die zeitaufwendige Aufgabe des Warenvergleichs, des Feilschens und Transportierens übernahmen, senden wir in Zukunft Marktroboter in das Dickicht aus Angebot und Nachfrage.

Man stelle sich also einen Markt vor – wiederum zunächst einen mittelalterlichen –, auf dem ich nicht nur einmal als Käufer/Kunde/Kommunizierender anwesend sein kann, sondern gleich mehrere Male, gewissermaßen geklont. »Ich« schlendere und streune durch die Gänge, prüfe mal hier, halte ein Schwätzchen dort, vergleiche und verhandle. In Form meiner *bots*, meiner Markt-Emissäre.

Bots können *faces and figures* sein, also simulierte Menschen, die uns durch die Weiten des Netzes geleiten (zu besichtigen unter www.artificial-life.com). Aber ihre Gestalt ist nicht das Wesentliche, sondern ihre Aufgabe. Sie sind Beauftragte, die in meinem, des Käufers Namen, das Netz durchforschen. Sie gehorchen bestimmten Algorithmen, die die Bedürfnislage und das Kauftemperament des Besitzers abbilden. Es wird aggressive und friedliche Bots geben, beobachtende und aktive, Bots, die ich einsetze, wenn ich knapp bei Kasse bin (Pleite-Bots), Weihnachtsgeschenk-Bots und Liebes-Bots, Info-Bots, denen es um das Sammeln spezifischer Informationen geht, etwa zur Frage, wie man Jungs verführt oder meine Arthritis heilt. Wie Viren werden sie im Blut des weltweiten Netzes herumschwimmen und, ja doch, sich irgendwann auch gegenseitig bekämpfen. Die meiste Zeit aber sind sie friedliche Botschafter, Moleküle und Enzyme des großen WWW-Kosmos.

Die ersten Prototypen dieser Bots sind heute schon im Netz unterwegs. Sie sind natürlich noch ziemlich primitiv. »Die erste Generation der Einkaufs-Bots beschäftigte sich nur mit Preisvergleich«, sagt Alex Kleiner, der Präsident von Frictionless Commerce, einer MIT-Tochter, die sich mit der Entwicklung der neuen, flüssigen Märkte beschäftigt. »Die nächste Generation wird wertorientiert arbeiten, sie wird um Garantien und Serviceverträge verhandeln können. Wenn man erst einmal einen virtuellen Raum erzeugt hat, in dem Werte gehandelt werden, kann man Stück für Stück Mehrwert hinzufügen und dies vorwärts und rückwärts verhandeln.«[6]

Ein personalisierter Bot kennt meine spezifische Bedürfnislage. Er weiß, dass ich mich für Börsenkurse, Briefmarken oder historische Schiffe interessiere. Er kennt meinen Kontostand und ist deshalb weise genug, meine Vorliebe für schnelle Cabriolets diesem anzupassen: Wenn mein Konto weniger als den notwendigen Plusstand für ein schnittiges Oben-ohne-Auto aufweist, wird er die aktuellen Preisangebote für Cabrios diskret in die obere Ecke des Bildschirms verbannen und stattdessen Geldanlageangebote und Sparvorschläge etwas größer präsentieren …

Eine Bot-Ökonomie wird die festen Grenzen von Angebot und Nachfrage, Kauf und Verkauf, endgültig transzendieren. Bots werden auch das Zeitalter der Portale überwinden und schließlich die Ära des (heutigen) E-Commerce hinter sich lassen. In der Welt des E-Commerce gibt es schließlich noch alles, was wir aus der Alten Ökonomie kennen, nur in virtueller Form – der Händler befindet sich statt an der nächsten Straßenecke im Netz. In einer Bot-Economy hingegen wandert das Portal auf meinen heimischen Computer. Ich schaffe mir eine Truppe elektronischer Dienstboten, die meinen Zugang zum Meer der Informationen regelt und organisiert.

Statt eines großen Amazon.com Abermillionen individualisierter Info- und Shopping-Portale – wie wird das unsere Handelslandschaft verändern? Werden die Marken, als eherne Statthalter der alten Konsumwelt, zu den aussterbenden Arten gehören? Eben nicht! Marken werden dann *Bot-Typologien* sein, die wir für monatliche Unterhaltsgebühr »adoptieren«. *Leben Sie Ihr Leben im H&M-Stil: Wir bieten den besten und schnellsten Stil-Bot für Wohnung, Kleidung und Beziehungsgestaltung. Leben Sie, wo immer Sie wollen, wir kümmern uns um Ihren Up-to-date-Lebensstil. Garten, Wohnung, Küche, Reisen, Kleidung komplett – für nur zwölf Prozent Ihres Gesamteinkommens.*

In der virtuellen ökonomischen Welt der Zukunft werden Schwärme von Bots gegeneinander und miteinander kooperieren und kommunizieren. Sie werden Preise aushandeln und eigenständig adjustieren. Sie werden Waren auf den Markt bringen und eigenständig verkaufen. Sie werden Innovationen und Firmen, Intelligenzen und Teams bewerten. Sie werden zeitweise Handelskriege führen, Blockaden beschließen und sich zu bösen Mächten zusammenrotten, aber wir werden ihre Algorithmen verbessern, sodass mörderische Preiskriege überwunden werden.

Die Muster, die diese Bots auf unseren Bildschirmen und Ausgabegeräten hinterlassen, werden auf beunruhigende Weise an das »Spiel des Lebens« erinnern, an jene fraktalen Muster, die die Lebenssimulationen erzeugen. Die Preisentwicklung des Automarkts wird baumähnliche Strukturen hinterlassen, wobei die Kronen und Blätter sich nach den ökologischen Knappheiten der Rohstoffe, der Kreativität der Designer und der Erleuchtung der Automarken richten.

Und die Menschen? Die Menschen können sich wieder ein kleines Stück mehr der Muße zuwenden, der Kreativität, der schöpferischen Gestaltung, dem Leben selbst ...

MÄRKTE OHNE ENDE: DAS INTERNET ALS META-MASCHINE

Ist es der größte Hype des Jahrhunderts? Ein Sturm im Wasserglas? Die genialste Geldversenkungsmaschine aller Zeiten? »Bestenfalls eine Mini-Revolution« – wie der US-Ökonom Robert J. Gordon es in einem viel beachteten Text formulierte?[7] Für die meisten von uns ist das Internet immer noch ein verwirrendes Buch mit sieben Siegeln. Gewiss, einiges lässt sich hier gut bis besser erledigen: Banking, E-Mail, Fahrpläne, lexikalische Nachschläge – all das ist längst Routine. Aber warum redet alle Welt, vor allem westlich des Ärmelkanals, hartnäckig von der »größten Revolution seit Erfindung des Buchdruckes«? Und das auch noch nach dem Crash am Neuen Markt?

Die Antwort ist so banal wie großartig: Das Internet ist weder eine Maschine zum garantierten Reichwerden noch ein demokratisches Wundermittel zur Spätverwirklichung von Träumen von der globalen Gemeinschaft.

Das Internet rekonstruiert den Marktplatz!

Das Internet ist nichts anderes als eine Burg, in deren Hof ein Basar stattfindet: Mit den Zinnen der Provider, den Ständen der Domains, den Körben der Sites. Es ist der Feudalfürst, der mit seinen Hellebarden (Bits, Bytes etc.) geschützte und gleichwertige Verkaufsbedingungen garantiert. *One to one.* Direkt, »mit der menschlichen Sprache« (Cluetrain-Manifest). Laut und deutlich. Schnell und effektiv.

Und wie *damals* auf dem mittelalterlichen Markt geht es auch im virtuellen Markt um mehr als um Geld. Um Gerüchte, politische Meinungen, Macht, Gier, Liebe. Das Internet erweitert die Marktform in andere kulturelle Sphären, und das macht seinen eigentlichen Skandalcharakter aus. Märkte für Leidenschaften: Spezialisten aller Art werden hier zu noch kompetenteren Spezialisten, weil sie ungeheuer effektiven Zugriff zu allen Informationen ihres Spezialbereichs haben, ob es sich um Gummiwäsche oder altgriechische Philologie handelt. Märkte für Beziehungen und Liebe: Das Internet bildet hocheffektive Kontaktmärkte. Märkte für Meinungen und Urteile: Das Internet erzeugt einen neuen, weltumspannenden Diskurs über alles und jedes. Märkte für Aufmerksamkeit: *Sie erhalten zehn Euro, wenn Sie diesem Werbespot zuhören!* Märkte für neues Risiko: *Versichern Sie sich gegen schlechte Genome.* Märkte für Tote und Lebendige: Lange nach unserem Verbleichen wird unsere Homepage noch auf irgendeinem Server herumspuken, gesättigt mit den Dokumenten unseres Wünschens und Wollens. Und unsere Bots werden auch nach unserem physischen Verblassen noch auf ihrer endlosen Suche nach preiswerten grauen Socken, erstklassigen kalifornischen Rotweinen oder einer Originalausgabe von »Alice im Wonderland« sein, nach der mit dem hellblauen Cover von 1868.

DER »WAR FOR TALENTS«

DIE RESSOURCE MENSCH IN DER NEUEN ARBEITSGESELLSCHAFT

Erfolg hat nichts damit zu tun, was du besitzt, sondern damit, wer du bist. Erfolgreiche Menschen arbeiten, um ihr Talent zu entdecken und es zu entwickeln. Dann nutzen sie es, um anderen zu dienen.
Tom Morris vom Morris Institute for Human Values[8]

In Paris näherte sich eine junge Frau dem Maler Pablo Picasso und fragte nach einem Porträt – sie würde ihm einen fairen Preis zahlen. Picasso zeichnete sie in drei Minuten und verlangte 500.000 Franc.
»Aber Sie haben doch nur fünf Minuten gebraucht!«
»Nein«, antwortete Picasso trocken. »Es hat 40 Jahre gedauert.«

Stan Davis und Christopher Meyer erzählen diese Anekdote in ihrem Buch »Future Wealth«[9]. Egal, ob sie sich eins zu eins so zugetragen hat oder nicht: Sie ist ein wunderbares Gleichnis für die veränderte Bedeutung der Kreativität in der Wissensökonomie.
In der Wissensökonomie sind wir in gewissem Sinne alle »Picassos«. Nicht, dass unsere Arbeit von vornherein als genialisch bewertet würde. Aber der Wind dreht sich. Noch vor fünf Jahren warteten große Unternehmen in aller Ruhe auf den Eingang der morgendlichen Post, um dann in Ruhe die besten Bewerber auszusortieren. Heute sind Hundertschaften in den Personalabteilungen damit beschäftigt, verzweifelt nach den Performern zu suchen, die das Unternehmen über die nächste

Runde des globalen Boxkampfs bringen können. Um diese rare Ressource zu schürfen, ist man zu gewaltigen Investitionen bereit, zum Beispiel ihnen millionenschwere Jahresgehälter plus jede Menge Stock-Options hinterherzutragen.

Mit anderen Worten: Wir erleben den Rohstoffwechsel von Kapital zu Humankapital.

VON HARD WORK ZU HARD FUN

In der Jäger- und Sammlergesellschaft war Arbeit nichts anderes als Handlung zum unmittelbaren Überleben: das Hüten des Feuers, das Sorgen für Fleisch und Proteine. Auch in der agrarischen Kultur war Arbeit an den Herd gebunden: Sie fand überwiegend im und um den Haushalt statt. In der griechischen Kultur der Antike galten Denken, Inszenieren und Politik als die eigentliche Arbeit. Diese Tätigkeiten standen im scharfen Kontrast zu den Pflichten der Sklaven und Domestiken, deren Tätigkeit nicht als Arbeit, sondern als Schicksal und als selbstverständliche Ressource definiert war. Erst die industrielle Kultur spaltete die Sphäre der Tätigkeit von der Sphäre des Alltagslebens. Und schuf das, was wir heute »Arbeit« nennen: bezahlte, zeitgemessene, in differenzierte Produktionsabläufe eingepasste, überwiegend abhängige Lohnarbeit.

Unsere Kultur der Arbeit ist also gerade einmal 150 Jahre alt – und dennoch ist die Vorstellung, das Leben basiere auf einer lebenslangen, bezahlten Tätigkeit, zum Fundament unserer Lebenskultur geronnen. Abgesehen davon, dass Frauen immer den anderen, den unbezahlten Teil der Arbeit verrichteten, blieb diese Vorstellung über viele Jahrzehnte lang eher Wunschdenken als Wirklichkeit für die Masse der Menschen. Die Nachfrage nach bezahlter Lohnarbeit überstieg mehr als einundhalb Jahrhunderte bei weitem das Angebot (ein Grund dafür, dass die Löhne der Arbeiter viele Jahrzehnte lang skandalös niedrig blieben). Von 1850 bis zum Zweiten Weltkrieg stellte *domestic work* den Löwenanteil der Arbeitsformen; die große Landflucht führte zu einer Dienstbotengesellschaft, in der sich vor allem die Frauen für wenig bis keinen Lohn verdingten. Das Proletariat, die viel besungene lohnarbeitende Klasse, stellte im Jahre 1900, in der ersten Hochphase der Industrialisierung, kaum mehr als 15 Prozent der Bevölkerung in den Industrienationen, in Schwellenländern wie Russland noch weit weniger (ein Grund, warum Stalin mit Terror möglichst schnell die Anzahl der Bauern reduzieren wollte).

Erst in der vierten Kondratieff-Welle, im gewaltigen industriellen Boom nach dem Zweiten Weltkrieg, forciert durch die Massenmärkte für Auto und Konsum, entstand so etwas wie Vollbeschäftigung. Im Zenit des Booms versorgte der gigantische Bedarf an industrieller Arbeit mehr als 80 Prozent der Erwerbsfähigen mit Arbeit – ein in der Geschichte nie da gewesener Überfluss. Bei stark steigender Produktivität konnten somit die Löhne massiv steigen und die Zahl der davon Profitierenden wachsen – und so entstand jene Mittelschichtgesellschaft, wie wir sie heute als selbstverständlich voraussetzen. Die USA, Japan, Mitteleuropa und auch viele Schwellenländer importierten sogar im großen Maßstab Arbeitskräfte.

Die Vollbeschäftigung formte den Gründungsmythos unserer westlich orientierten Gesellschaften. Wohlstand für alle! Doch dieser famose Zuwachs des Arbeitsangebots verlief noch ganz in den industriellen Schienen. Etwa 50 Prozent aller Beschäftigten in Europa, den USA und Japan waren 1965 Industriearbeiter. Das Fließband, das Henry Ford in den Zehnerjahren des 20. Jahrhunderts erfunden hatte, wurde allgegenwärtig. Arbeit war monotone Maloche. Sie war – immer noch – für fast alle, die an ihr teilnehmen mussten, körperlich anstrengend, erschöpfend, monoton – selbst Sitzarbeit in der Behörde. Arbeit war Nicht-Leben, war die Gegenwelt zur Freizeit, in der das »wahre Leben« stattfand. Die Sehnsucht nach möglichst viel Freizeit – das war ein später Reflex auf die stupide, die menschenfressende Arbeit des Industriezeitalters.

Was aber geschieht, wenn die Produktivität unaufhaltsam steigt? Wenn immer mehr einfache Arbeit ausgelagert wird – ins Reich der Automaten oder an die Grenzen der industriellen Welt (wie es in den Siebzigern längst von Utopisten wie André Gorz vorausgeahnt wurde)? Jahrzehntelang schien die Antwort klar: Das Elendsgespenst der industriellen Arbeitslosigkeit ging um.

Aber während in Europa und den USA die Stahlarbeiter und Grubenkumpel ihre verbitterten Abwehrkämpfe führten, entwickelte sich parallel eine zweite Kultur der Arbeit. Eine Kultur, die mit den Welten der Stechuhr, des Maschinentakts und der gesicherten Gleitzeit nichts mehr zu tun hatte. Eine Sphäre, in der das Spiel nach ganz anderen Regeln lief.

Arbeit in der nach-industriellen Welt ist Erfindung. Ist ständige Verbesserung. Ist Suche nach dem entscheidenden Unterschied. Ihr ökonomischer Kern besteht nicht mehr in der Erzeugung des Immergleichen – in möglichst hoher Stückzahl. Was in den unendlich differenzierten und gesättigten Märkten zählt, ist nun *die Erzeugung des Unterschieds*.

Arbeit in der nach-industriellen Welt ist immer symbolanalytische Arbeit. Sie widmet sich der Interpretation von Informationen und den Konsequenzen daraus. In dieser Welt wandelt sich die Funktion des Individuums. In der tayloristischen Produktionswelt war der einzelne austauschbar. Zwar verdoppelte Henry Ford im Jahre 1914 die Löhne seiner Arbeiter, um nur noch die »Besten der Besten und die Fleißigsten der Fleißigsten« anzuziehen (ein früher »War for Talents«). Aber im Prinzip konnte immer auch ein *anderer* den monotonen Handgriff machen. Immer schon standen viele, viele hungrige Anwärter vor der Tür.

Symbolanalytische Arbeit hat völlig andere Gesetze:

- Arbeit muss plötzlich Spaß machen. Sie muss nicht mehr funktional, sondern energetisch organisiert sein: den Einzelnen in seiner Kreativität ermutigen und befördern.
- Arbeit basiert nicht mehr auf ihrer Zerlegung in kleine Arbeitsschritte, sondern auf Austausch von Erfahrungen und komplexem Wissen. Sprich: auf Kommunikation. Damit bekommt Arbeit eine genuin soziale Komponente.
- Wille, Persönlichkeit, Kritikfähigkeit des Mitarbeiters wird zum kostbaren Elixier jeder weiteren Produktivitätssteigerung.

Es ist die Ökonomie – stupid! –, die die Kreativität in die Sphäre der Arbeit zwingt.

DAS ENDE DER INDUSTRIELLEN ARBEITSLOSIGKEIT

Keine Litanei hält sich im Katechismus der Zukunftsangst derart hartnäckig wie die berühmte 20:80-Formel. Sie stammt aus dem Werk zweier talentierter linker Populisten, Hans-Peter Martin und Harald Schumann, die in ihrer »Globalisierungsfalle« alle alarmistischen Soßen zusammenrührten, die auf dem Markt der Ängste zu haben waren: Nur noch 20 Prozent der Menschen (so haben es angeblich auf einer geheimen Konferenz die Weltchefs des Kapitals und des Neoliberalismus beschlossen!), würden in Zukunft für die weltweite Produktion gebraucht. Der Rest versinkt im »Tittytainement«, einer mediengesteuerten, passiven Verelendung.
Klingt gut. Macht echt Angst und betroffen. Ist aber barer Unsinn. Alle Trends im Bereich der Arbeit laufen geradewegs in die entgegengesetzte Richtung. Nicht Arbeitsknappheit wird unser Zukunftsproblem, sondern eher das Gegenteil: *Die Sphäre der Erwerbsarbeit breitet sich auf unser gesamtes soziales Universum aus.*

Am Ende des industriellen Systems erweist sich das, was wir 20 Jahre lang als »Massenarbeitslosigkeit« diskutiert haben, als ein Übergangsphänomen – und als Produkt mangelnder Flexibilität. Der moderne Wirtschaftsprozess besteht vielmehr in einer ganzen Kette von »Freisetzungen«, aber die Entlassenen bleiben nicht lange im Zustand der Arbeitslosigkeit. Jener gewaltige Anstieg der industriellen Produktivität, der in den achtziger und neunziger Jahren eine große Zahl von Arbeitern und Angestellten in den Industriebetrieben freisetzte, war der Schlussakkord der linearen Produktionsweise. In der Netzwerk- und Wissensökonomie selbst jedoch entsteht eine permanente, sich-selbst-anheizende Nachfrage nach Arbeit.

Demographische Faktoren verstärken diesen Trend: Die mittlere Arbeitszeit eines Menschen nimmt in allen OECD-Ländern ständig ab – von 45 Jahren 1960 über 35 Jahre heute auf 30 Jahre im Jahr 2020.[10] Besonders in Europa führt der Geburtenrückgang zu einer Verknappung des Arbeitsangebots um bis zu 30 Prozent in den nächsten 20 Jahren. Von 1900 bis heute ging der Anteil derjenigen Menschen, die in den Industriegesellschaften mit 65 Jahren noch arbeiten, von 80 Prozent auf unter 10 Prozent zurück. Studien der Unternehmensberatungsfirma McKinsey haben ergeben, dass in den USA im Lauf der kommenden 15 Jahre die Nachfrage nach qualifizierten 35- bis 45-Jährigen um 25 Prozent zunehmen, das Angebot in diesem Zeitraum hingegen um 15 Prozent kleiner werden wird. Der CEO von Siemens Deutschland meint, dass es im Jahr 2005 im Hochtechnologiebereich an die 300.000 Spezialisten zu wenig geben wird.

Aber damit hört es nicht auf. Und es ist nicht auf hochtechnologische Branchen beschränkt.

»Wenn wir das mit den Mitarbeitern nicht auf die Reihe kriegen, werden wir verlieren. Es gibt in einer Firma nichts, worauf es stärker ankommt.« So formulierte es Jack Welch, Vorsitzender und CEO von General Electric. Er artikulierte damit einen gewaltigen Stimmungswechsel, dessen erste Flutwellen die Unternehmen – kleine wie große – heute erreichen. Die Zukunft ist geprägt von einer *reversen* Arbeitslosigkeit: Von der verzweifelten Suche nach Leuten, die es können und wollen. Führung und Planung, Strategie und Ertrag in der Zukunft unserer Ökonomie sind vor allem von einem einzigen Frageruf gekennzeichnet: *Wo, um Himmels willen, sind die Leute!!!???*

Low Skill Talents

Natürlich, höre ich die Skeptikerfraktion murmeln, ein Luxusproblem! Es geht um die Begehrlichkeit gegenüber ein paar raren, hoch bezahlten Führungskräften, die nun von Headhuntern gejagt werden wie der Blaue Fleckfalter am Amazonas und denen man dann siebenstellige Jahresgehälter plus bizarre Aktienoptionen hinterherwirft. Am unteren Ende der Lohnskala werden die Menschen munter weiter auf die Straße gesetzt.

Gewiss: Zunächst entsteht die größte Knappheit in den oberen Bereichen – von IT bis zum hochkomplexen Consulting. Aber blühende Märkte haben die Tendenz, ihr Gut zu demokratisieren und nach unten zu diversifizieren. Da der entscheidende Faktor (und die zentrale Knappheit) in der Wissensökonomie auf den Namen »Zeit« hört, entsteht gleichzeitig eine Rundum-Dienstleistungsgesellschaft, in der alles und jedes zur geldwerten Dienstleistung wird. Auch dieser Mechanismus wird von sozialen Trends beschleunigt: Was früher in Verwandtschaftsbeziehungen kostenlos geleistet wurde (etwa die Hausarbeit der Frauen), wird in der »temporären Gesellschaft« auf den Markt der Arbeit geworfen.

• Haushalt: In den nächsten 20 Jahren wird der beschleunigte Drang der Frauen in die Erwerbsarbeit dazu führen, dass wir immer mehr

Haushaltsarbeiten professionalisieren. Von der Putzfrau bis zum Gärtner, von der Kinderorganisatorin bis zur Neuen Gouvernante, vom Hausbesorger bis zur häuslichen Altenpflege: Rund um den Mittelschichthaushalt entwickelt sich ein gigantischer neuer Nachfragemarkt nach *domestic services*.

- Mobilität: Wir werden eine Gesellschaft erleben, die den größten Teil ihrer Zeit im Transit verbringt. Es gibt Schätzungen, dass im Jahre 2010 bereits jeder fünfte Europäer zu einem beliebigen Zeitpunkt des Tages unterwegs ist – die nomadische Lebensweise wird zum Normalzustand. Damit kommt eine ungeheure Nachfrage nach Chauffeuren, Stewardessen, Entertainern, Begleitern, Erklärern, Transporteuren, Logistikern auf ...

- Gesundheit: Der Gesundheitssektor wird einer der wichtigsten Fusionsreaktoren der Neu-Neuen Ökonomie – mit all seinen neuen Ausprägungen von schamanischen Ritualen bis High-Tech-Medizin. Die alternde Gesellschaft fordert Pflege, Zuwendung, Hilfestellung, und sie wird, ob sie will oder nicht, dafür bezahlen müssen. Eine der Archetypen der spätindustriellen Welt, die Krankenschwester, wird sich also in millionenfachen Formen klonen lassen: Masseurin, Heiler, Sterbebegleiterin, Vorleser, Gesundheitstrainer.

- Entertainment. Die Neu-Neue Ökonomie ist eine Gesellschaft der emotionalen Sensationen. Sie ist ein gigantischer Erlebnispark, ein Rummelplatz, auf dem unaufhörlich sensationelle *rides* stattfinden. Auf ihren Achterbahnen und in ihren Simulationswelten blühen die Einweiser und Entertainer, Begleiter und Abenteuer-Coachs, Showmaster und Arrangeure.

Entstehen nicht in all diesen Sektoren auch die neuen Schattenreiche? Tote Jobs mit geringen Aufstiegschancen. Sackgassen für Ungebildete. Eine neue »frustrierte Klasse«, eine *drifting society*, wie Richard Sennet und Peter Glotz sie beschwören?

Ja. Und doch nein. Jedenfalls nicht auf Dauer. Selbst wenn die Mitarbeiter Fenster putzen, Kaffee servieren oder alten Menschen den Hintern abputzen. Diese neuen Servicejobs sind *emotional skill jobs*: Ein Großteil von ihnen ist unmittelbar abhängig von kommunikativen Fähigkeiten. Sie entstehen nicht mehr als Funktionsleistungen gegenüber Maschinen, sondern als emotionale Interaktionen zwischen Menschen. Man kann in ihnen, anders als in den industriellen Hierarchien, sowohl viel als auch wenig Geld verdienen. Ein Koch kann im Akkord für acht DM Schwarzgeld pro Stunde arbeiten oder als Star mit eigenem Vermarktungsimperium auftreten. Ein Babysitter kann ein Taschengeld oder ein richtig ordentliches Gehalt verdienen. Selbst ein Schuhputzer auf einem Flughafen muss nicht zu den Niedrigverdienern zählen, wenn er das Humanmarketing beherrscht.

Natürlich kann man solche Talente ausbeuten. Aber dann hat man sie nicht lange. In den USA werden fünf Jahre nach dem großen Arbeitsboom heute zunehmend Klagen laut über die mangelnde Servicequalität. Kunden sind regelrecht sauer auf Fluggesellschaften, Supermärkte, Banken, die ihren Angestellten nur die Mindestlöhne zahlen. Und sie ziehen die Konsequenzen.

Die Welt der neuen, prekären Arbeitsverhältnisse ist voll von gnadenreichen Geschichten von begehrten Putzfrauen, Babysittern und anderen talentierten dienstbaren Geistern, die plötzlich auf die Karriereleiter geraten, weil man sie bitter braucht:

In Silicon Valley sind Automobile und Dienstleistungen ein äußerst knappes Gut. Tushar Kotari, ein Vertriebschef von Cisco, kann seinen Gärtner nicht dazu bewegen, den Garten hinter dem Haus fertig zu stellen. Dabei hatte alles so gut angefangen, aber jetzt hat der Gärtner so viel Arbeit, dass er es sich leisten kann, Kunden warten zu lassen. Er hat Kotaris 10.000-Dollar-Job liegen lassen, um andere, noch bessere Jobs anzunehmen. Kürzlich erschien der Gärtner unangemeldet an einem Sonntagmorgen um acht Uhr, und Kotari sprang aus dem Bett, um ihn zur Baumschule zu fahren. »Er kommt, wann er will, und dann muss ich alles stehen und liegen lassen. Inzwischen hole ich ihn sogar von einer über 40 Meilen entfernten Baustelle ab. «[11]

Natürlich wird es immer Firmen geben, die versuchen, mit Hire-und-Fire-Politik und bizarr geringen Löhnen das schnelle Geld im Servicesektor zu machen. McDonald's gehört bislang dazu, Reinigungsfirmen, Botendienste geraten in diese Versuchung, die durch brutalen Marktdruck verschärft wird. Aber diese Unternehmen sind entweder nicht lange am Markt, ein Fall für den Staatsanwalt oder sie werden irgendwann eine *corporate culture* entwickeln müssen, die die guten Leute am Davonrennen hindert. Die meisten New Jobs sind geprägt durch einen neuen Charakter von Individualität. Eine ganz bestimmte High-Touch-Arbeit wird hier geleistet. Mein Kind *mag* einfach nicht jeden Babysitter. Mein Garten *versteht* sich einfach nicht mit jedem Gärtner. Und wenn die Stimmung im Fastfoodrestaurant nicht stimmt, weil sich die Mannschaft brutal ausgebeutet fühlt, wird das Lokal verkommen ...

Die Neu-Neue Ökonomie deklariert eine neue Würde der Arbeit. Sie ist in ihrem inneren Charakter auf Engagement ausgelegt. Und da sind sie wieder, die drei magischen Substanzen der Wissensarbeit. Stolz, Aktivität und Eigenständigkeit.

Work hard
Have Fun
Make a Difference!

TALENT VERSUS QUALIFIKATION

Was unterscheidet die gute, alte Qualifikation von dem, was wir hier etwas lyrisch »Talent« genannt haben?

Bei der Qualifikation – messbar mit Noten, Prüfungen, Assessment-Centern und dem sonstigen Feuerzangen-Arsenal der modernen Personalpolitik – wird eine Funktionsleistung bewertet. Wie erfüllt der Kandidat die Anforderungen des Arbeitsplatzes xy? Einer konkreten Anforderung wird ein konkretes Angebot gegenübergestellt – punktum.

In der dynamischen Arbeitswelt der Zukunft ist aber völlig unklar, wie das Design in einigen Jahren aussehen wird, und welche Anforderungen dann an den Mitarbeiter gestellt werden. Unternehmen »morphen« permanent – sie verändern Formen, Strukturen, Organisationsweisen. Sie werden »flüssig«.

In einer solchen Wandel-Welt kann nur das Talent etwas ausrichten. Beim Talent wird etwas anderes, viel Tieferes bewertet: das Potential eines Menschen. *Wie könnte diese Person in einer betrieblichen Organisation von morgen mitwachsen, von der wir heute noch keinen blassen Schimmer haben, wie sie aussieht?* Talente sind Zukunfts-Bonds auf die Entwicklungsfähigkeit eines Mitarbeiters.

Es liegt auf der Hand, dass Talent mit ungleich mehr und ungleich komplexeren Variablen arbeitet als Qualifikation. Sie hat einen starken selbstreflexiven Aspekt. Sie setzt voraus, dass der Mitarbeiter »über sich selbst Bescheid weiß«. Da die Arbeit der Zukunft in ihrem Charakter selbstständig ist, selbst wenn sie in größeren Organisationen stattfindet, wäre es paradox, wenn Unternehmen von oben herab darüber entscheiden, wer selbstständig genug ist! In letzter Konsequenz bedarf es deshalb keiner Prüfungen und Bemessungen mehr – Selbsterkenntnis genügt.

Und das kann ganz brutal heißen: Wer sich bewirbt, ist schon der Falsche! Talente sind genau diejenigen, denen man hinterher sein muss, um sie zu kriegen!

Das Portfolio

Rund 800.000 Menschen haben sich im Lauf des Jahres 2000 in Deutschland selbstständig gemacht.[12] In der gesamten OECD-Welt steigt zum ersten Mal seit 30 Jahren der Anteil der Selbstständigen schnell an. Das hat viele Gründe: Einerseits steigt die Nachfrage nach kreativem Networking schneller, als die Unternehmenskulturen dies abdecken können. Andererseits führt der Megatrend Individualisierung zu veränderten Lebensplanungen: Menschen, vor allem kluge und talentierte Menschen, binden sich nicht mehr so gerne und so schnell an große Unternehmen.

Selbst wenn nicht alle auf der freien Wildbahn überleben: Die Anzahl der Einzelselbstständigen, der »Ich-AGs« und »Selbst-GmbHs« wächst. Mit neuen Kommunikationstechnologien ausgerüstet, treten immer mehr Menschen als Einzelne auf den Markt des Wissens und der kreativen Dienstleistung. In den USA, wo das Kultmagazin »Fast Company«[13] zum Sprachrohr der neuen Selbstständigenbewegung wurde, schätzt man mehr als 27 Millionen Bürger im Status der »Portfolio-Arbeiter«. In Europa sind es eher mehr. Und jeden Tag kommen ein paar tausend Menschen hinzu, die das Experiment der Neuen Selbständigkeit der Lohnabhängigkeit vorziehen. So entsteht eine Schicht, die ihre eigenen Medien, Denkweisen, Rituale und Organisationsformen entwickelt – eine Gegen- und Alternativwelt zur Welt der traditionellen Firmenorganisationen. Und der größte Konkurrent im kommenden Krieg um die Talente!

Im Zentrum dieses neuen Sektors steht das, was wir »Portfolio« nennen. Eine Selbstbeschreibung, eine biographische Landkarte, die auf der Idee von lebenslanger Selbstentwicklung besteht. In uns, so lautet die Prämisse der Portfolio-Idee – sind Fähigkeiten, Möglichkeiten, Wachstumspotentiale verborgen, die sich im Laufe unseres Lebens entfalten können. Wenn wir selbst daran arbeiten. Und wenn wir in einem Umfeld leben und arbeiten, das diese Anlagen fordert und fördert.

In der neuen Welt der Arbeit wird Erfolg nicht durch Konformität erzielt, sondern durch unabhängiges Denken, effektives Management von Zeit und Ressourcen und den Willen, Risiken einzugehen. ... Es geht darum, sich zu er-

mutigen, die Dinge anders zu tun und mit neuen Möglichkeiten zu experimentie-
ren ... Es gibt keine »richtigen Antworten« mehr auf die Frage, wie wir Ant-
worten finden und Probleme lösen.[14]

Drei wesentliche Säulen verbindet das Portfolio zu einem Gesamtbild
des Individuums:

1. *Skills*: die beruflichen Fähigkeiten, die wir uns im Laufe unserer Bildung und Ausbildung und unseres Berufslebens angeeignet haben.
Hier finden sich die klassischen Qualifikationen, die auch in der industriellen Arbeitswelt eine Rolle spielten. Allerdings in einer dynami-
scheren, lernorientierten Betrachtungsweise, bei der Noten nicht mehr
die alleinige Rolle spielen.

2. *Talents*: Zwar schlummert nicht in jedem ein Genie, aber wir alle besitzen ein oder mehrere individuelle Talente. Musikalische, künstleri-
sche, kognitive Fähigkeiten, die für die Welt der neuen Arbeit von großem Nutzen sind. Diese Gaben sind uns in die Wiege gelegt, und viele
Menschen konnten sie in der alten Lebens- und Arbeitswelt nicht entwickeln. Sie wurden verschüttet und irgendwann war es zu spät, sie
weiterzuentwickeln. Träume sind aber ein wesentlicher Faktor des
menschlichen Lebens. Ein Klavierspieler kann ein besonders guter Programmierer sein. Für ein erfolgreiches Marketing benötigt man das Talent und die Lust zur intensiven symbolischen Kommunikation. Jemand, der sein Leben lang davon träumt, ein perfektes Haus zu bauen,
wird diesen Wunsch in einer anderen Form auch in seine Arbeitswelt
einbringen – zum Nutzen des Unternehmens, für das er arbeitet.

3. *Smarts* – Humankompetenzen: Jeder von uns ist auch in seiner sozialen Ausprägung einzigartig und kostbar. Die neue Arbeitswelt basiert
auf der »Produktion des Sozialen«, deshalb sind die *smarts* nicht mehr
nur beiläufige Charaktereigenschaften, sondern Produktionsmittel. Sie
beschreiben die Kernwerte unserer emotionalen Intelligenz. Der eine ist

ein talentierter Kommunikator, er versteht sich auf mütterliche Funktionen und gibt seinen Mitarbeitern jene Sicherheit und Geborgenheit, die er auch im familiären Rahmen verkörpert. Andere können gut trösten oder aufmuntern. Wieder andere bewähren sich besonders in Krisensituationen. Und schließlich gibt es auch begnadete Einzelgänger, die zwar wenig reden, aber dennoch bestimmte Werte und Emotionen transportieren.

Aus diesen drei Säulen setzt sich das dynamische Persönlichkeitsbild zusammen – ein Bild der Hoffnung und des menschlichen Wachstums, eine Art Beteiligungsmodell an der Zukunft. Wenn wir im Selbstverständnis des Portfolios leben und arbeiten, können wir eine persönliche Utopie entwickeln: Wo möchte ich in zehn Jahren stehen? Welche Fähigkeiten möchte ich entwickeln? Wo liegen meine Defizite, wo bin ich womöglich sogar verkrüppelt? Was habe ich zugeschüttet im Laufe einer falsch geratenen Karriere? Welche Dinge in meinem beruflichen und privaten Leben möchte ich verwirklichen, bevor ich alt werde? Ein entwickeltes Portfolio dient als innerer Kompass: als Hilfestellung in den komplexen Orientierungen des Lebens. Und wir erwarten von unseren »Kooperateuren« – unseren Arbeitgebern, Mit-Arbeitern und Lebenspartnern –, dass die etwas mit dieser »inneren Gestalt« anfangen können. Dass sie sie respektieren und erkennen. Und an ihrer Entwicklung teilhaben!

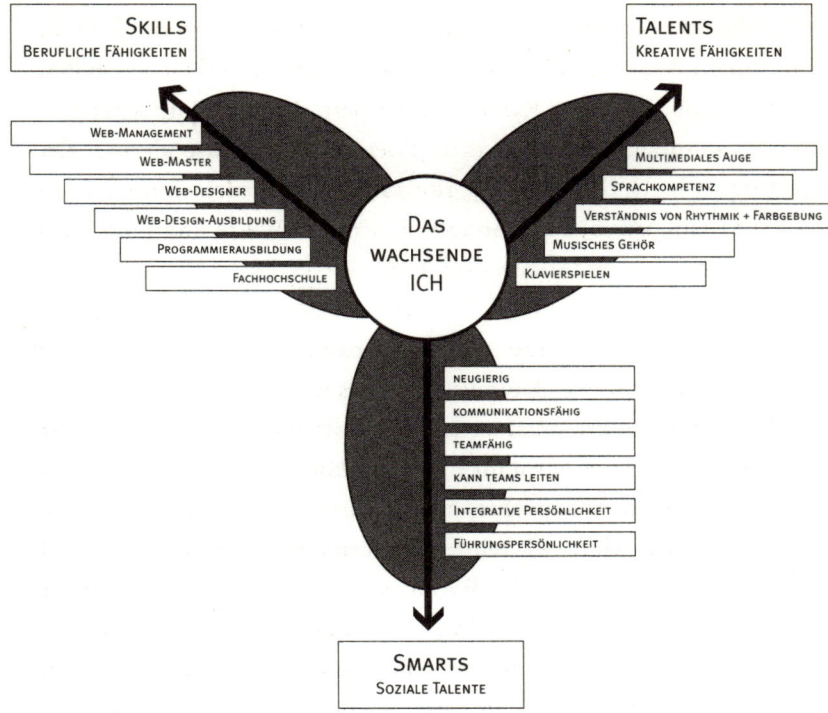

SKILLS
BERUFLICHE FÄHIGKEITEN

TALENTS
KREATIVE FÄHIGKEITEN

WEB-MANAGEMENT

WEB-MASTER

WEB-DESIGNER

WEB-DESIGN-AUSBILDUNG

PROGRAMMIERAUSBILDUNG

FACHHOCHSCHULE

DAS
WACHSENDE
ICH

MULTIMEDIALES AUGE

SPRACHKOMPETENZ

VERSTÄNDNIS VON RHYTHMIK + FARBGEBUNG

MUSISCHES GEHÖR

KLAVIERSPIELEN

NEUGIERIG

KOMMUNIKATIONSFÄHIG

TEAMFÄHIG

KANN TEAMS LEITEN

INTEGRATIVE PERSÖNLICHKEIT

FÜHRUNGSPERSÖNLICHKEIT

SMARTS
SOZIALE TALENTE

Abb. 3: Ein Beispiel für ein Portfolio mit Wachstumsmöglichkeiten

WORKONOMICS – DIE NEUE BEWERTUNG VON FIRMEN

In der agrarischen Welt gründeten Wert und Vermögen auf äußerst handfestem Gut: vor allem Grund und Boden, aber auch Schweine und Hühner definieren den Wert von Menschen, Familien, Dörfern, Regionen. In der industriellen Welt bildet die Fabrik und die Maschine das Zentrum aller ökonomischen Bewertung: Laufzeit, Abschreibung, Stückzahl. In der reiferen Industriegesellschaft werden dann die schweren Güter langsam durch den Faktor Kapital ersetzt, also durch ein dynamischeres Medium. Shareholder-Value, also die erwartete Profitabi-

lität, markiert diesen Prozess. Aber auch dies ist nur eine Übergangs-
phase. In einer wissensbasierten Ökonomie wandert der Fokus der ökonomischen Bewertung weiter in höhere Komplexitätsgrade. Drei Faktoren sind es, die die Grammatik der Mehrwertschöpfung weiter verändern:

1. Das Gesetz der zunehmenden Markt-Gleichheit: In globalen
Märkten erlernen die Konkurrenten früher oder später alle das Handwerk des Reengeneering. Der freie Informationsfluss erlaubt kaum noch
Zeit- und Technologievorsprünge. Da physische Produkte zudem durch
die steigende Kompetenz der Verbraucher immer billiger werden (Ausnahme: Luxusprodukte), sinkt die Marge weiter ab.

2. Der Un-Sinn frontaler Konkurrenz: Damit wird der Konkurrenzkampf um Marktanteile in gleichen Märkten unsinnig und ruinös und
fordert einen geradezu bizarren Kraftaufwand. Am Ende übersteigen
die Kosten den Gewinn, und derjenige, der den Markt erobert hat,
bleibt erschöpft zurück: »Der Gewinner ist der Verlierer.« Diesen Effekt können wir heute in vielen Technologiebranchen, wie etwa in der
Telekommunikationsbranche, erleben.

3. Die Aufwertung der Differenz: Damit wird der eigentliche Mehrwert die »Erzeugung des Marktunterschieds«. Sprich: die Idee. Oder,
wie es im neuen Boston-Consulting-Buch[15] heißt: »Die Strategie der
Zukunft besteht darin, die Märkte zu überraschen, das bestehende
Wettbewerbssystem immer wieder zu stören.«

Natürlich gab es auch in der industriellen Welt schon Erfinder und Er-
findungen. Aber im Vergleich zu denjenigen, die als Produzenten auf
den Markt traten, wurde ihre Leistung nur gering bewertet. Der Erfinder der Büroklammer, des Bügeleisens oder der automatischen Backen-
bremse bekam von den Millionen Dollar Profit, die seine Erfindung erzielte, nur einen winzigen Anteil. In wissensökonomischen Prozessen

jedoch rückt der Erfindungsprozess selbst in die Mitte des Wertschöpfungsaktes: Immer mehr Geld wird mit Patenten etc. verdient und immer weniger mit Produktion.

Das bedeutet natürlich auch: Die Risikofaktoren steigen.

Diese Entwicklung hat auf alle makro- und mikroökonomischen Faktoren einen nachhaltigen Einfluss. Wenn Mitarbeiter von Kostenfaktoren zu Vermögenswerten werden, zerbricht die alte Logik des Mehrwerts. Das Zukunftsunternehmen berechnet seinen Wert nicht mehr nach den Kennziffern des *Return of Investment* – also dem Shareholder-Value –, sondern nach der Logik des *Value Added per Person*, man könnte sagen: dem Talentwert. Aus Kapitalismus wird Talentismus.[16,17]

DIE DREI R DES TALENTISMUS: RECRUITMENT, RETENTION UND RESILIENCE

Es war einmal eine sehr erfolgreiche Managerin, die von einem Bus überfahren wurde und starb. An der Himmelstür wurde sie von Petrus persönlich in Empfang genommen. »Willkommen im Himmel!«, sagte Petrus. »Es gibt ein Problem, das wir lösen müssen, bevor du es dir irgendwo gemütlich machen kannst. Merkwürdigerweise hat noch kein Manager an die Himmelstür geklopft, und daher wissen wir nicht, ob du hierher gehörst. Du wirst es also einen Tag in der Hölle und einen Tag im Himmel probieren. Dann kannst du dir aussuchen, wo du die Ewigkeit verbringen willst.«

»Ich würde eigentlich lieber im Himmel bleiben«, meinte die Frau.

»Tut mir Leid«, sagte Petrus, »aber wir haben nun einmal gewisse Vorschriften.« Und er schob die Managerin in einen Lift, der sie in die Hölle hinunterbrachte.

Die Türen öffneten sich, und die Managerin verließ den Fahrstuhl: Vor ihr lag ein wunderschöner grüner Golfplatz und etwas weiter weg ein Klubhaus. Dort warteten ihre Geschäftspartner, -freunde und -kollegen, die alle schön gekleidet waren, darauf, sie begrüßen zu können. Sie kamen ihr entgegen, küssten sie und sprachen über alte Zeiten. Sie spielten Golf und speisten im Klubhaus. Es gab ein wunderbares, leicht blutiges T-Bone-Steak. Dann tanzten sie.

Nach dem Diner lernte die Managerin den Teufel kennen, der eigentlich recht nett war. Die beiden unterhielten sich angeregt, und die Managerin hatte noch nie in ihrem Leben so viel gelacht. Sie fühlte sich dermaßen wohl, dass die Zeit wie im Flug verging. Schon war der Tag vorbei. Als sie aufbrechen musste, schüttelten ihr alle die Hand und winkten ihr, als sie in den Fahrstuhl trat. Der Lift entschwand nach oben, höher und immer höher. Petrus erwartete sie bereits.

»Jetzt wirst du einen Tag im Himmel verbringen«, sagte Petrus.

Und die nächsten 24 Stunden räkelte sich die Managerin auf Wolken, besuchte ein Harfenkonzert und lauschte Engelschören. Die Zeit verging wie im Flug, und schon war der Tag vorbei.

»Jetzt hast du einen Tag in der Hölle und einen Tag im Himmel verbracht«, sagte Petrus. »Jetzt musst du dich für eine der beiden Ewigkeiten entscheiden!«

Die Managerin überlegte eine Weile und antwortete dann: »Ich bin selber überrascht. Der Himmel war nicht schlecht, aber in der Hölle hat es mir besser gefallen.«

Petrus geleitete die Managerin zum Fahrstuhl, und diese kehrte in die Hölle zurück. Als sich diesmal die Türen des Lifts öffneten, stand sie vor einer mit Müll übersäten Einöde. Ihre Freunde waren zwar da, aber sie trugen Lumpen und sammelten Abfälle, die sie in Säcke steckten. Der Teufel kam auf sie zu und legte seinen Arm um sie.

»Ich verstehe das nicht«, stammelte die Frau. »Gestern war hier ein Golfplatz und ein Klubhaus, und wir haben fein gespeist und getanzt und es uns gut gehen lassen. Heute stehe ich auf einer Müllhalde, und meine Freunde sehen elend aus.«

Der Teufel grinste: »Gestern haben wir dich angeworben. Heute gehörst du zur Belegschaft.«[18]

Was Pierre Mornell in »Games Companies Play«[19] in ein teuflisches

Märchen kleidet, ist eine treffende Beschreibung der Personalpolitik, wie sie in den letzten Jahren angesichts der ersten Talentverknappung üblich wurde. In ihr ging es – und geht es heute noch – zuallererst ums Keilen. High-Performer – oder die, die man dafür hält – werden nach allen Regeln der Kunst eingeseift. Keilen gehört mehr und mehr zur kriegerischen Variante des »War for Talents«, und in arbeitsknappen Ökonomien wie den USA der Millenniumsjahre gehört es zum Alltag: Führungskräfte werden täglich am Arbeitsplatz belästigt, beim Verlassen der Firma oder gar am Arbeitsplatz angesprochen, mit gigantischen Übernahmegratifikationen geködert oder mit letztlich illusionären Wolkenkuckucksheimen von ihren alten Arbeitgebern weggelockt.

Auf Dauer ist diese Methode natürlich viel zu teuer – und sie verdirbt auf vielerlei Weise die Firmenkulturen. Es geht um nachhaltigere Strategien im »War for Talents«. Humanes Kapital erfordert, um es kühl auszudrücken, ein radikal anderes Handling als die alten, die industriellen Rohstoffe. Zukunftsfähige Personalpolitik benötigt drei Strategien, die alle mit R anfangen:

REKRUTIEREN

»Wir betreuen einige der größten Firmen und müssen immer wieder feststellen, dass niemand eine Ahnung hat, womit man jemanden dazu bewegen kann, einen guten Job gegen einen besseren einzutauschen«, sagte neulich Doug Berg, Präsident von techies.com. Der Grund liegt auf der Hand: Die Entscheidung, zu einem Unternehmen zu gehen, kann zwar durch goldene Brücken (Supergehalt, tolle Urlaubszeiten, Sabbaticals) erleichtert werden – aber goldene Brücken können auch den Effekt haben, dass die falschen Mitarbeiter sich auf ihnen drängeln. Diejenigen, die auf Verwöhnungsreize, nicht aber auf Herausforderungen reagieren.

Gute Rekrutierungspolitik setzt sich im Wesentlichen aus zwei Elementen zusammen:

- dem *relationship recruiting*, d. h. der Fähigkeit des Unternehmens, um sich herum ein soziales Netzwerk, einen »Club« zu entwickeln, in dem Menschen immer wieder – auch wenn sie woanders fest unter der Haube sind (oder als Einzelselbstständige einen feuchten Kehricht auf eine Festanstellung geben würden) – mit dem Unternehmen in Beziehung treten. Wichtig ist dabei eine uneitle Haltung des Unternehmens, das seinen Namen und sein Renommee nicht in den Vordergrund spielen darf. Echtes Networking erfordert authentische Kommunikation.
- der ehrlichen Kommunizierung der Firmenkultur. Im Grunde entscheidet nur eines wirklich über die Rekrutierungspower eines Unternehmens: seine Aura. Sein Ruf. Die Faszination, die es ausübt. Sein Magnetismus. Die Art und Weise, wie es sich als Personalmarke präsentiert und in den Köpfen verankert. Die Art und Weise, wie seine Firmenkultur durch seine physischen Begrenzungen dringt – in Form von Produkten, Gerüchten, Mitarbeitern.

Um Personalmarken richtig steuern zu können, muss man etwas über den Wertewandel wissen. Noch in den achtziger Jahren waren die Hauptinstrumente der Rekrutierung klar fixiert: Gehalt, Aufstiegschancen auf der Firmenseite, Notendurchschnitt und Qualifikation auf der Bewerberseite. Eine bestimmte Art von Topingenieuren bewarb sich automatisch bei BMW oder Mercedes. Straighte Personen mit Einsernoten wurden bei der Deutschen Bank vorstellig. Tolle Buchhaltertypen kamen wie von Zauberhand zur Allianz. Und so hatte alles seine Ordnung – der Arbeitsmarkt sortierte sich im Wesentlichen selbst. Globalisierung und Neue Selbstständigkeit haben diese Marktordnung der Humanressourcen grundlegend durcheinandergewirbelt. Große

Unternehmen wandeln sich heute so schnell, dass sie morgen nicht mehr Hoechst heißen und übermorgen einen japanischen Besitzer haben. Starke Frauen verbieten ihren Männern, sich wie Legionäre von ihren Firmen einfach versetzen zu lassen. Nicht nur, dass die Neue Ökonomie das Verhältnis zwischen Bewerber und Anbieter umgedreht hat. Es stimmen auch die Passer nicht mehr. Die Zeit, in der Absolventen von Wirtschaftsstudiengängen mit Einsernotendurchschnitt fast immer bei den großen Banken anheuerten, ist noch nicht lange her. Was aber, wenn sich herausstellt, dass dieser Typus des gradlinigen Karrieristen im Grunde seines Herzens eigentlich immer Beamter werden wollte – was in 30 Jahren nationaler Bankenpolitik auch ganz stimmig war, aber in den globalen Konkurrenzmärkten so ziemlich das Fatalste wäre, was man sich vorstellen kann?

RETENTION – DAS HALTEN DER MITARBEITER

Der »War for Talents« ist verbunden mit einer gnadenlosen Dis-Loyalisierung zwischen Arbeitgeber und Arbeitnehmer. Die neue Welt der Wissensarbeit erzeugt eine Dauerauktion: Wer gut ist, wer sich als Talent sieht oder fühlt, hört mit der Arbeitssuche nie mehr auf. Er testet ständig seinen Marktwert. Er flirtet mit Headhuntern, verhandelt hartnäckig um Zusagen, kokettiert mit seinen Karrierealternativen – eben weil er über ein offenes und dynamisches Portfolio verfügt.

Obwohl *recruiting* etwas anderes ist, ist es doch ein Zwilling der *retention*. Es handelt sich um die Fähigkeit eines Unternehmens, die guten Leute nicht nur zu magnetisieren, sondern dauerhaft bei sich zu behalten. Dies wird nicht zuletzt eine Frage der Kosten. Denn in immer komplexeren Marktwelten und Strategieumgebungen wird die Kündigung eines Mitarbeiters immer teurer!

Hier einige Grundregeln:

- **Entlastung für das Unternehmen mit Mitarbeitervorteilen verbinden.** Man muss aufpassen, dass man als Unternehmen nicht alle persönlichen Bedürfnisse von Mitarbeitern »pampert« und sich damit die privaten Probleme ins Unternehmen holt – Partnerschaftsberatung auf Firmenkosten, wie es einige US-Firmen versuchten, ist der falsche Weg. Einige »private« Maßnahmen können aber von hohem Interesse für beide Seiten sein. Startups haben den Concierge-Service für Mitarbeiter eingeführt – Lebensservice von der Haushaltshilfe bis zum Einkaufsservice. Besonders in Zeiten, in denen das Unternehmen stressreiche Zeiten erlebt (und Unternehmen werden in Zukunft immer mehr stressreiche Zeiten erleben!), ist dies von beidseitigem Interesse.
- **Es geht nicht nur um Geld.** Alle Studien sind sich einig, dass Gehaltsfragen zwar wichtig, aber nicht allentscheidend sind. Wirklich gute Leute arbeiten entlang ihrer Selbstentwicklungslinie, die nicht immer mit Geld synchron läuft.
- **Employability statt garantierter Karriere.** Neben der Laufbahn im Unternehmen gibt es immer auch eine Qualifikationslaufbahn, die den Mitarbeiter marktfähig hält oder macht. In der Portfolio-Welt können Weiterbildungsverträge deshalb eine wichtigere Funktion für das Halten im Unternehmen darstellen als das Erfüllen von gehaltlichen Forderungen.
- **Job-Sculpting.** Die Mitarbeiter der Zukunft sind Individuen mit sehr komplexen Partnerschaften und differenzierten Lebenslagen. Deshalb gilt es, die Arbeitsbedingungen radikal zu individualisieren. Frauen und ältere Mitarbeiter, die kommenden Talentreserven, sind in klassischen Vollzeitarbeitsplätzen nicht zu halten. Aber auch Männer verlangen zunehmend Flexibilität. Dazu gehört auch die Wahl des Arbeitsortes, die aufgrund von Technologien und netzwerkhaften Firmenstrukturen immer besser möglich wird. Die besten Mitarbeiter der Restaurantkette TGI Friday können es sich zum Beispiel aus-

suchen, in welchem Restaurant des Unternehmens auf der Welt sie arbeiten wollen.

RESILIENCE: WIDERSTANDSFÄHIGKEIT IM ZEITALTER DES UNVERMEIDBAREN STRESSES

Wenn irgendein Klagelied den Alltagsdiskurs beherrscht, dann ist es das Lied vom Stress. Stress ist *das* Modewort schlechthin. Wer nicht über Stress klagt, ist schlecht dran. Er ist entweder ein Verlierer, oder er arbeitet nicht richtig.

Hinter dem Jammer über den Stress steckt ein großes, regressives Missverständnis: Unternehmen sind nicht dazu da, ihren Mitarbeitern ein kuscheliges Nest zu bereiten. Jobs sind keine Orte, an denen die Gesetze der relaxten Freizeitkultur herrschen. Das Gegenteil ist der Fall: Erfülltes, kreatives Leben ist immer stressig. Jeder vitale Organismus befindet sich immer wieder im Stresszustand, in Kampf- oder Fluchtsituationen. Das trainiert seine Reflexe und lässt ihn wachsen.

Pure Stressvermeidung kann also kein realistisches Ziel irgendeiner Unternehmenspolitik sein. Stressmanagement ist die angemessene Antwort: die Organisation lust- und lernvollen Stresses. Bei gleichzeitiger konsequenter Bekämpfung jener Stressspitzen, die *tatsächlich* lebens-, lust- und gesundheitsbedrohlich sind!

»Resilience« bezeichnet im Englischen die Eigenschaft eines Gegenstandes, der »wieder seine ursprüngliche Form annimmt bzw. an seinen ursprünglichen Ort zurückkehrt, wenn man ihn verbiegt, dehnt oder auf andere Weise verformt«. Auf Menschen übersetzt: die Fähigkeit, sich leicht und schnell von Anstrengungen und Krankheiten zu erholen und stressreiche Zeiten »wegzustecken«, ohne dass sie Schäden anrichten (Dies umschreibt ganz nebenbei ein brauchbares kulturelles Lebensideal

für die Zukunftsgesellschaft. »Robuste Wellness« wäre ein anderer Ausdruck).

- Sport ist ein idealer Stressabbaufaktor, und deshalb wird Sport im Zentrum von Resilience-Bemühungen der Zukunft stehen. Siemens hat dafür eigens Sportmediziner engagiert, die im gesamten Unternehmen ein *health conception team* betreuen. Private Krankenversicherungen bieten ihren Mitgliedern günstige Mitgliedschaften in Fitnessklubs an (ein in den USA üblicher und sich nun nach und nach auch in Europa durchsetzender Bonus).
- Life-Work-Balance: Wer viel arbeitet, arbeitet nicht effektiv, und wer seine privaten Verhältnisse nicht auf die Reihe bekommt, ist extrem anfällig für Stress. Bestimmte Mitarbeiter brauchen oft eigene Schulungen für Zeitmanagement, damit sie möglichst effizient arbeiten können. Laut Untersuchungen des Forschungsinstituts für Personalfragen und Organisation der Militärhochschule in München bringt in vielen Fällen bereits eine eintägige Schulung eine Effizienzsteigerung um bis zu 25 Prozent. Überlastete Manager können so die Zahl ihrer wöchentlichen Arbeitsstunden von 50 auf 40 reduzieren und zwischen dem Leben zu Hause und ihrer Arbeit eine größere Ausgewogenheit herstellen. Das *LifeBalance*-Programm von Ernst & Young, einem großen Consultingunternehmen, bestraft *overachievement* und setzt mit sanftem Druck Entspannungszeiten. Southwest Airlines initiierte den *Thinking Day*, eine bezahlte Auszeit zur Pflege der Firmenkultur. [20]
- *Life assistance* für Krisensituationen. In den unruhigen und komplexen Lebensweisen der Zukunft treten immer wieder Krisenzeiten auf. Wichtig ist es, eine Auffanglinie für den *worst case* zu haben. Wenn gerade das neue Projekt im Büro abgeschlossen wird, wird plötzlich das Kindermädchen krank. Wenn die Oma einen Herzinfarkt hat, schneidet sich ausgerechnet der Ehemann mit einer Gar-

tenschere. Genau für solche Zwischenfälle können Unternehmen einen Feuerwehr-Service einrichten. Zum Beispiel Standby-Kinderbetreuung, oder Standby-Erholungszentren: Firmen reservieren für die Kinder ihrer Angestellten bestimmte Zeitkontingente in Erholungszentren, damit diese dort betreut werden können, wenn sie krank oder rekonvaleszent sind und die Eltern sich weder frei noch Ausgleichstage nehmen können. Bright Horizons Child Care, ein innovatives Kinderbetreuungszentrum in den Vereinigten Staaten, bildet seine Betreuer dazu aus, Anzeichen von Stress in der Familie zu erkennen, und bietet dann Beratung und Unterstützung an. Das Unternehmen will für die Familie die Rolle der Gemeinschaft übernehmen.

In seinem erfolgreichen Buch »How People Manage Stress and Stay Well« macht Aaron Antonovsky als wichtigste Quelle der Widerstandsfähigkeit gegenüber Stress und Krankheit etwas aus, das er »Kohärenzgefühl« nennt. Wenn man im umfassenden Sinn gesund sein will, genügt es Antonovsky zufolge nicht, ins Fitnessstudio zu gehen und Risikofaktoren wie Nikotin und schlechte Ernährung auszuschalten. Nur Menschen mit einem Kohärenzgefühl, mit einem Sinn für Gleichgewicht, können widerstandsfähig sein. Dazu bedarf es eines grundlegenden, tief verankerten Vertrauens darauf,

• dass die Lebensziele, die man sich gesteckt hat, realistisch sind und erreicht werden können;
• dass die Schwierigkeiten des Lebens sich meistern lassen;
• dass die Welt es wert ist, sich zu engagieren.

DAS EIGENTUM AN PRODUKTIONSMITTELN

»Der Aufstieg der ersten breiten Schicht von Arbeiterkapitalisten ist der wichtigste demographische Wandel unserer Zeit«, sagt Richard Nadler, Chef der American Shareholders Association.[21] *Arbeiterkapitalisten?* In der Tat macht Aktienkapital in Ländern wie Großbritannien und den USA bereits den Großteil des Rentenvermögens der Bevölkerung aus – und zwar in allen Schichten. Die Beteiligung der Belegschaften am Aktienkapital erreicht inzwischen längst auch Unternehmen der Old Economy: Zwei Drittel der DAX-registrierten Kapitalgesellschaften verfügen über Mitarbeiter-Beteiligungsprogramme.[22] Im Jahre 2000 existieren selbst in Deutschland 14 Millionen Menschen, die Aktien besitzen, Shareholder also. Diesen 14 Millionen stehen rund acht Millionen DGB-Mitglieder gegenüber. Aus der »Arbeitnehmerkultur« wird eine »Kleinkapitalistengesellschaft«.

Auf mittelfristige Sicht wird die Neu-Neue Ökonomie sich damit auch an die Kernfrage heranarbeiten, die schon Karl Marx als Zentrum alles Ökonomischen ortete: *Wem gehören die Produktionsmittel?* Im Talentismus gehört das entscheidende Produktionsmittel – das Talent – dem Individuum. Darüber hinaus findet aber eine neue Form von Vergesellschaftung statt, die die alten Spaltungen der Gesellschaft in Klassen und Schichten erodiert.

Wer Aktien besitzt, denkt und fühlt anders. Über Märkte, Innovationen, Zukunft. Er ist in seinen genuinen Interessen mit der Vitalität des Marktes verbunden. Wann ist diesem Prozess eine Grenze gesetzt? Wie weit kann man gehen? Manche Unternehmen, wie etwa United Airlines, haben mehr als 50 Prozent ihrer Aktien an die Mitarbeiter umverteilt – und haben dennoch keine Handlungsunfähigkeit erlebt. Im Gegenteil: Nichts ist eine bessere Kombination von Zuckerbrot und Peitsche als die Aktienbeteiligung der Mitarbeiter! Und deshalb gehört die Zukunft der neuen Umverteilung: der Umverteilung von Risiko,

Verantwortung und Produktivität. Und damit wird das endgültige Ende der Klassengesellschaft besiegelt sein.

Brasilien, Mai 2000. Der politischen Linken ist es geglückt, Kontrolle über große Teile der Wirtschaft zu erlangen. Kandidaten der Arbeiterpartei und der kommunistischen Partei wurden in freier Wahl in die Managementpositionen eines der mächtigsten südamerikanischen Aktienfonds gewählt. Der Pensionsfonds der Mitarbeiter der Banco de Brasil (Previ) verfügt über 18 Milliarden Dollar Anlagekapital und entscheidet zu großen Teilen über die Ökonomie des Landes ...[23]

UNTERNEHMEN ALS ENTWICKLER IHRER MITARBEITER

Im Unterschied zu den Ressourcen des Industriezeitalters kann man menschliches Talent nicht ausbeuten!

Ein solcher Satz klingt auf den ersten Blick paradox. In der Wirklichkeit erleben wir doch täglich das Gegenteil: Wer gut ist, wird gnadenlos zu immer höheren Leistungen angestachelt, ausgelutscht und weggeworfen. 14-Stunden-Tage sind in der Neuen Ökonomie die Norm. Wer nicht mitmacht, gilt als Weichei – oder einfach als alt.

Wirklich?

Ausbeutung in der industriellen Welt war profitabel, weil Mitarbeiter austauschbar waren. Es kostete nicht allzu viel, jemand Neuen zu rekrutieren und ihn die Tätigkeit seines Vorgängers machen zu lassen. In der Wissensökonomie ist der Bypass des 50-jährigen Managers, die finale Ehekrise des Vertriebschefs, die chronische Krankheit der Personalchefin ein gigantisches Kostenproblem. Der *human turnover*, die Häufigkeit von Kündigungen, wird zu einer der wichtigsten Kennziffern in der Neu-Neuen Ökonomie.

Wer heute in einer beliebigen Bürostadt der USA freitags um 17 Uhr unterwegs ist, findet fast nur noch das Reinigungspersonal. Nestlé USA verbot seinen 18.000 Angestellten, freitags nach zehn Uhr vormittags Meetings anzusetzen – Chill-out für das Wochenende. Ein radikaler Umschwung hat stattgefunden: Es gilt weder als chic noch als karrierefördernd, sich wacker dem Burn-out entgegenzuarbeiten. Man hat gelernt, dass die Krisen und Ausfälle, die durch unbalancierte, ausgepowerte Mitarbeiter verursacht werden, auf Dauer schwerer wiegen als der kurzfristige Produktivitätsgewinn. Microsoft erhöhte die Urlaubszeit für ältere Manager auf für die USA sensationelle fünf Wochen!

Der Wertewandel ist messbar: Eine Studie in Großbritannien, die 104 Manager in ihren Wertevorstellungen analysierte, fand heraus, dass 56 Prozent von ihnen einen eindeutigen Trend zu Familienwerten und weniger Arbeit artikulierten.[24] Die stärkere Familienorientierung der Amerikaner ist nicht nur auf die Älteren beschränkt, auch die Twentysomethings haben heute deutlich andere Prioritäten als im Arbeitsrausch der späten Neunziger. 70 Prozent der US-Amerikaner sagen heute, sie würden lieber auf Einkommen statt auf Familienzeit verzichten. Acht von zehn erwarten von einem zukünftigen Arbeitgeber familienfreundliche Arbeitszeiten.[25] Sämtliche Umstrukturierungen der letzten Jahre, dazu die Erfahrungen der Startups, zeigen es: Man kann in einem dynamischen Unternehmen – wie im wirklichen Leben – zwar Phasen von »Starkarbeit« einschieben. Man kann einige Monate, vielleicht Jahre »brennen«. Aber spätestens, wenn Unternehmen ihre Konsolidierungsphasen überstanden haben, werden die Karten neu gemischt. Denn die Qualitätsverbesserung der Ressource Mensch besteht aus Faktoren, die sich mit den alten Techniken der Profitmaximierung schlecht vertragen. In Zukunft geht es um menschliches Wachstum, um Reifung, um Synergie. Um die Kunst der Selbstverantwortung. Und um die Frage, wie Unternehmen das gewisse Etwas anbieten können, das ihre Mitarbeiter jenseits von Geldanreizen zum Bleiben und Wachsen veranlasst.

Der Zukunftsmarkt der Talente

Noch ist das alles eher ein Spiel. In ihrem Buch »Die Ich-Aktie«[26] haben Johanna Zugmann und Werner Lahntaler die Idee eines persönlichen Aktienwerts ausgeführt (ich fühle mich mit 581 Punkten skandalös unterbewertet!). Immer schon hat es Menschen gegeben, die ihre Eigenschaften und Talente als Solo-Player vermarktet haben. *Name brands* sind im Zeitalter des Testemonials und des *personal merchandising* weit mehr wert als persönliche Leistung. Claudia Schiffer kann wahrscheinlich auch die nächsten 20 Jahre Unterwäsche oder Parfüm vermarkten (der Bedarf an *senior models* im Jahr 2020 wird gigantisch sein!). Boris Becker braucht keinen Aufschlag mehr über die Latte zu bekommen, er ist sowieso »schon drin«, egal, welche privaten Eskapaden er sich leistet.

Sportler eignen sich wunderbar für Investitionen in Talent, sie sind aber auch eine Risikoinvestition (wie das Beispiel des Fußballers Heiko Herrlich zeigt, dessen Tumorerkrankung die Aktien von Borussia Dortmund in den Keller trieb). Manche Talente, wie etwa Stephen King oder David Bowie, funktionieren heute bereits nach dem Prinzip Aktie: King bekommt jedes Jahr fünf Millionen Dollar für alle Bücher, die er »wahrscheinlich schreiben wird«, und das für einen Zeitraum von mehreren Jahren. David Bowie hat ein eigenes Unternehmen, das an der Börse notiert und dessen Zentralwert sich an nichts anderem bemisst als der mutmaßlichen Kreativität des Popsängers in den nächsten zehn Jahren – einschließlich aller T-Shirts und was sonst noch unter dem Label »Bowie« erscheinen wird, und einschließlich der BowieBanc, die der Rockstar im Jahr 2000 für bankmüde Popfans gegründet hat. Und einschließlich einer Risikoversicherung gegen den frühzeitigen Tod des Künstlers (der den Marktwert seiner Aktie dennoch weiter in die Höhe befördern könnte).

Doch die Marktmacht der Super-Promis ist erst der Anfang. Wenn an den Börsen der Welt Schweinehälften, Kaffeebohnen, Junkbonds und pure Stimmungen gehandelt werden – warum dann nicht auch Talente? Warum sollte das Prinzip einer Zukunftsinvestition sich nicht auf das persönliche Portfolio ausdehnen?

- **Bildungsoptionen:** Heute schon sind die Absolventen einer Bildungseinrichtung mit Renommee bis zu 100fach überbewertet – Harvard-Studenten können unter vielen guten Jobangeboten wählen. Was läge also näher, als dass Schulen, Hochschulen, Universitäten ihren Output in Teilhaberschaften vermarkten, die ein bestimmtes Talentkontingent garantieren? Nebenbei ein wunderbares Mittel, die Bildungsoffensiven von morgen zu finanzieren und die Qualität der Bildung generell zu erhöhen!
- **Talentpools:** In der Werbung ist es schon länger üblich, dass ganze Teams ein Unternehmen verlassen und nicht nur ihre Talente, sondern auch ihre Kunden mitnehmen. Früher oder später werden diese Teams, mit einem Label versehen, an der Börse der Zukunft notieren. Oder ganze Branchen: *Biotechniker notieren heute besser als letzte Woche, Nanotechniker sind vorübergehend im Minus!*
- **Portfolio-Dealer.** Virtuelle Arbeits-Broker wie Monster.com leben heute schon davon, dass ihre Mitglieder ihre Portfolios ins Netz stellen. In der Konsequenz bedeutet dies eine neue Form von reversem Headhunting. »Talent-Burschenschaften« oder »Brain-Broker«, die gleichzeitig so etwas sind wie »Turbo-Gewerkschaften« für ihre talentierten Mitarbeiter, treten auf den Markt. *Going public* für Talente: Ein Talentierter kann zwischen mehreren Agenturen wählen, die ihn an die Talentbörse, sprich den neuen Arbeitsmarkt, bringen und seinen persönlichen IPO mit Karriereberatung und *life assistance* begleiten.

Aus den Wirtschaftsnachrichten vom 1.10.2015:

Wir empfehlen folgendes relativ risikolose und ertragreiche Investitionsgeschäft: Die 22-jährige Sarah H., viersprachig, gutaussehend, Ausbildung in Globalökonomie und neuronaler Netzwerksteuerung, Reisen nach Japan und USA, geht zwei Jahre vor ihrem Examen an die Talentbörse und sammelt fünf Millionen Euros in 20.000 Tranchen auf ihr Portfolio, das sie – mit Bild, Ton und Animation – ins Netz gestellt hat. Wenn sie in drei Jahren ein Unternehmen mitgründet und in weiteren drei Jahren zur Multimillionärin wird (berechnete Chance: 5:1) bekommen ihre TIS (Talent Investing Shareholders) eine Ausschüttung von mindestens 2,8 Euro pro Anteil. Sarah H. verkauft aber auch Portfolio-Zeitbonds, d.h. man kann Kontingente ihrer Arbeitskraft in drei bis fünf Jahren optionieren. Die Monatsoption steht heute auf einem erwarteten Salär von 35.000 Terradollar monatlich, leicht steigend ...

Die Firma UPM, United Personal Markets, ist soeben zum größten börsennotierten Unternehmen der Welt geworden. UPM hält Anteile an über 100.000 High-Skill-Talents, ihre TalentShares sind heute dreimal soviel wert wie die des nächsten Mitbewerbers, UnitedPowerPeople. Besonders im Bereich der Neurobiologen-Fonds und der Nanotechnik-Ingenieure kam es im letzten Quartal zu außergewöhnlichen Zuwächsen.

Die Volkswagen Global Trust AG hat soeben die Jahresergebnisse ihrer drei Hauptkonzerne bekannt gegeben. Danach entwickelte sich der Bereich der zunehmend roboterisierten Fertigung, VW CREATION, zufrieden stellend. Zuwächse gab es im Bereich des größten Konzerns, der VW FINANCIAL LOGISTICS. Am besten jedoch schnitt die erst vor fünf Jahren emittierte Aktie von VW BRAINTRUST ab, in der der Konzern das Talentwissen von inzwischen 35.000 High-Skill-Mitarbeitern bündelt und auf den freien Markt bringt: 30 Prozent Zuwachs machen ihn nun zum größten der drei Unternehmenssektoren. Besonders die BRAIN-Tätigkeiten beim Aufbau der chinesischen Fahrzeugindustrie, bei der mehr als 5000 Spezialisten komplett nach China übersiedelten, sowie die Umsätze von VW-COACHING WORLDWIDE, inzwischen eines der stärksten Industrieberatungsunternehmen, trugen zu diesem guten Ergebnis bei.

Das Prinzip der Vielfalt

Die Diversity-Kultur und ihre Spielregeln

The future loves variousness and uniqueness …

John Micklethwaid und Adrian Woolridge in »A Future Perfect«

Ein Tagungshaus im Südosten Berlins, ein wuchtiges Hotel im klassizistischen Stil. Es riecht nach der freundlichen Chemie frisch verlegter Teppichböden. Still ruht der See vor dem Herbstnebel, brandenburgischer *indian summer* säumt die Szenerie. Auf der Veranda des luxuriösen Gebäudes, das zu Kaiser Friedrichs Zeiten einmal ein Grandhotel gewesen sein muss, sind 20 Männer und Frauen mit Sektgläsern in der Hand versammelt. Man feiert eine globale Fusion. Gestochenes Oxford kommt vor allem von den zwei japanisch wirkenden Herren (die Amerikaner sind) und zwei Damen in eleganten Kostümen. Und von einem hoch gewachsenen, sportlichen Herrn mit dunkler Hautfarbe im eleganten Zweireiher, mit großen, goldenen Ringen an den Fingern. Ein Derivatehändler mit »100 Karat«, wie die Kenner sagen.

»This here is Nazi Country, isn't it?«, fragt er einen der Topmanager, der sich als Gastgeber fühlt, und fährt mit einer Ringfingergeste am Horizont entlang. »I read something in the ›New York Times‹.«

»Well, ähh, I would not say so«, murmelt der Vorstand geflissentlich. Und schwitzt. »You find people against foreigners in every country.«

»Maybe you're right.«

Die Peinlichkeiten eines Übergangs. Der Clash von Kulturen. Ein Konzern auf dem steinigen Weg zum globalen Player hält ein transatlantisches Topmanagement-Gathering auf ostdeutschem Boden ab. Das ist mutig. Die Körperhaltungen wirken ungeübt. Alles hier ist neu. Die Frauen. Die verschiedenen Hautfarben. Der Zwang, tatsächlich englisch zu sprechen. Die Politik der kleinen und der großen Unterschiede, jenes Gemengelage, das von nun an nicht nur die Kneipe nebenan, das Ballett oder die Popkultur, sondern auch jene Sphäre betreffen wird, die wir »Business« nennen.

DIE ÖKONOMIE DER VIELFALT

Gibt es einen Mega-Mega-Trend, der alle anderen sozialen, gesellschaftlichen und ökonomischen Trends in einer Art Meta-Prinzip zusammenfasst? Einen Trend, der die Regionen der Ökonomie wie den gesellschaftlichen Kosmos durchdringt und damit beide Sphären verbindet? Es gibt ihn. Er heißt »Multiplizität« oder »Diversity«. Oder, in schlichter Sprache ausgedrückt: Alle modernen Gesellschaften werden in ihren inneren Strukturen immer differenzierter, vielfältiger und individueller. Es ist noch nicht solange her, da gehörte das Universum der Wirtschaft den älteren weißen Männern. Die Elite der Wirtschaft entwickelte über Jahrhunderte ihre Rituale, ihre Kleider- und Rangordnungen. Hier hatten Frauen, Fremde, *andere* nichts zu suchen. Doch die globale Welt mischt die Karten neu. Diversity, Vielfalt, die Multikulturalität der Firmenkulturen, ist kein Feuilletonthema und kein Gegenstand für Gutmenschen oder Gleichstellungsbeauftragte mehr. Im transnationalen Konkurrenzkampf ist Diversity, die Politik der Differenz, keine Frage der Toleranz. Sondern gefechtsentscheidend.

Seine innere Dynamik findet auch dieser Trend nicht in einer moralischen Attitüde oder dem Triumph der *political correctness*. Sondern in den veränderten Evolutionsgesetzen der globalen Ökonomie. Nicht nur, dass man in globalen Unternehmen zwangsläufig mit anderen Kulturen und Werten konfrontiert wird und sie aushalten muss. Es geht um die Gesetze der Innovation.

Im globalen Markt entsteht Marktvorteil, wie wir gesehen haben, vor allem aufgrund der Erzeugung des Marktunterschieds, sprich der Innovation. Strategien im globalen Raum und in überfüllten, gefährlichen Märkten sind hochkomplex und *multi-layered*. An dieser Stelle sind multikulturelle Teams meilenweit im Vorteil. Denn Innovationen kommen leichter in einer multiperspektivischen Weltsicht zustande. Wenn Menschen aus verschiedenen kulturellen Hintergründen aus unterschiedlichen Perspektiven ein Problem betrachten, steigt die Chance für eine kreative Lösung. Je höher die Vielfalt der Positionen, desto besser die Kombination von guten Teilideen zu einem neuen Ganzen.

Man spricht hier auch von »kombinatorischem Wachstum«. Am produktivsten sind Diversity-Ansätze gerade dann, wenn sie die Unterschiedlichkeit der Teilnehmer am Diskurs wahren, ja sogar anspornen. Das geht hin bis zu einer allgemeinen Akzeptanz von Klischees. Der Kollege aus dem Fernen Osten muss seine »typisch asiatische Sichtweise« äußern können. Frauen sollen einen »typisch weiblichen Zugang« zu dem Problem erarbeiten – gerade bei technischen Entwicklungen. Kombinatorisches Wissen wächst dort, wo es ein Bewusstsein der Verschiedenheit gibt, eine Pflege der Differenz – generationsbezogen, geschlechtlich, kulturell.

Ein Teil der Widerstandsfähigkeit moderner Systeme ist ihre Multikulturalität. Keine einzelne Kultur ist alleinverantwortlich, keine kontrolliert die Meme, die grundlegenden Gewohnheiten der Kultur. Dies macht große Krisen weniger wahrscheinlich, das System ist »fehlertolerant«, wie die Computerleute sagen.[27]

DIE MULTIFAMILIE

Wie entwickelt sich etwa die Institution Familie? Sie zerfällt, sagen die Kulturkritiker und runzeln besorgt die Stirne. Aber in Wahrheit explodiert die Familie in Tausende von Lebenskonstruktionen, die allesamt den familiären Charakter bewahren und dennoch so unterschiedlich sind wie niemals zuvor.

Im Kern dieses Veränderungsprozesses der Familie steht der unaufhörliche Vormarsch der Frauen in die Erwerbswelt – weltweit, nachhaltig und viel schneller, als es den Alice Schwarzers dieser Welt vorkommen mag. Ein echter Megatrend, der seine Wurzeln im ständig steigenden Bildungspotential der Frauen hat. Von Chicago bis Afrika, von Lüneburg bis Singapur gilt: Die Frauen schlagen die Männer in Schulnoten, sie stellen bald die Hälfte der Studenten, sie haben einen besseren Notendurchschnitt. Und je mehr der Wandel zur Wissensökonomie vorankommt, desto besser sind ihre realen Chancen auf den Arbeitsmärkten. In den OECD-Ländern hat das weibliche Bildungspotential um die Jahrtausendwende das Niveau der Männer übertroffen, und selbst in Afrika ist der Vormarsch der Frauen in die Erwerbs- und Bildungssphäre nicht zu stoppen. In Zukunft, so einfach ist das, werden Frauen gebildeter sein als Männer. Mittelfristig werden sie immer da, wo ihnen Chancen geboten werden, besser verdienen. In der neuen Arbeitswelt, die viel mehr auf *emotional skills* setzt, ziehen sie den Männern leicht davon. Damit zerbricht endgültig der jahrhundertealte Deal zwischen Mann und Frau, der auf der Umschichtung des männlichen Erwerbseinkommens begründet war.

Als Folge entwickelt das System Familie gigantische Turbulenzen. Frauen *müssen* nicht mehr heiraten, um ihren Lebensunterhalt zu verdienen, im Gegenteil: Männer hindern sie an der Aufschlagskraft in der Karriere. In Folge steigt das Heiratsalter – seit dem Zweiten Weltkrieg in Zentraleuropa um fast ein Jahrzehnt, auf heute 31,5 Jahre in

Deutschland. Dann steigt der Anteil derjenigen Familien, in denen es trotz Familienwunsch »nicht klappt«. Männer werden nicht mehr geheiratet oder nur aus strategischen Gründen geduldet. Viele Frauen sind mit der Partnerwahl so unzufrieden, dass sie am Ende, freiwillig oder gezwungen, keine feste Partnerschaft mehr eingehen, aber trotzdem auf den Kinderwunsch nicht verzichten. Manche Frauen »heiraten« ihre Kinder und gehen eine Männerabwehrsymbiose mit ihnen gegen die Männer ein – eine Art militantes Alleinerziehen. Andere trennen, im Vorgriff auf das gentechnische Zeitalter, die Reproduktion konsequent von der Romantik und suchen sich neben dem Reproduktionspartner einen Liebespartner (etwas, das Männer viele Jahrhunderte lang selbstverständlich taten). Wieder andere bleiben kinderlos (im Jahre 2010 werden es rund ein Viertel aller Frauen in Europa sein). Weil es sich »irgendwie« nicht ergab, oder weil ihnen ihre Unabhängigkeit und Karriere am Ende wichtiger ist.

Wer daraus einen verbindlichen eindimensionalen Trend ableiten möchte, liegt immer daneben. Es gibt kein eindeutiges neues Modell der Familie. Es gibt Kombi-, Pseudo-, Ersatzfamilien, Wahlverwandtschaften und erweiterte Stieffamilien, Re-Kombinationsfamilien und Reproduktionsgemeinschaften neuen Typs, und ja doch, immer noch konventionelle Kleinfamilien. Was kommt, ist ein prekäres Patchwork, eine familiäre Splitterwelt, in der unendlich experimentiert, improvisiert, kombiniert, gelitten, aber auch mehr geliebt wird als in der Vergangenheit. Mehr Alleinerziehende, mehr schwierige Elternschaften, mehr Intensität und Selbstbefreiung. Mehr Scheidungsmut, mehr Druck auf dem Einzelnen, mehr Einsame, mehr 55-jährige Frauen, die 30-jährige Liebhaber haben, und noch mehr 55-jährige Männer mit jungen Blondinen. Wie die fraktalen Verästelungen eines Blumenkohls multiplizieren sich die Modelle der privaten Lebensstile. Phasen werden hin und her geschoben: Einige Frauen beschließen inzwischen angesichts der hoffnungslosen Lage an der Karriere-versus-Familie-

Front, die Kinderfrage in möglichst frühem Alter zu »erledigen«. Männer tricksen wie immer, zögern heraus, und werden mit 50 plötzlich zu neuen Profi-Vätern, die ihre Jüngsten rührend im Park spazieren fahren. Wohlhabende bekommen wieder mehr Kinder, was auch die Drei- und Vierkindfamilie wieder zu einer wachsenden Spezies macht. Und mitten in diesem Dschungel wachsen retro-konservative Familienmodelle: Männer bleiben zu Hause und werden Hausmann, während Frauen sich wild entschlossen durch die Karriere beißen. In den USA zählten die Behörden 1998 bereits zwei Millionen Männer mit »primärer Verantwortlichkeit für ein oder mehrere Kinder«, mit stark steigender Tendenz.[28] Ein Minderheitenmodell? Natürlich. Aber was wäre in der Familienkultur des 21. Jahrhunderts *kein* Minderheitenmodell?

Diese Privatlebensvielfalt ist nun zudem alles andere als nur privat. Wenn die Demarkationslinie zwischen Leben und Arbeiten immer dünner wird, werden Unternehmen von dieser Vielfältigkeit nicht verschont. Sie müssen letztlich ihre auf Normfamilien geschneiderten Arbeitsmodelle fallen lassen und eine »Politik der Vielfalt« entwickeln, die den Mitarbeiter konsequent als Individuum betrachtet. Das Beziehungsbabylon schwappt in die Unternehmenskultur – und erwartet dort jene Flexibilität, die das Unternehmen bislang immer von seinen Mitarbeitern verlangte. Und zwar sofort, sonst folgt die – zumindest innere – Kündigung! Die im Unternehmen bleibenden Vollzeitarbeiter müssen – was vielleicht das Schwierigste ist – mit Kollegen umgehen lernen, die plötzlich nur noch halb da sind, ihre Kinder in Krisensituationen mitbringen, ständig unter Stress stehen, Unruhe in die feinsäuberlichen Arbeitsabläufe bringen ...

DER MULTIPLE WOHLSTAND

Während auch die Arbeit in immer diversere Modelle aufbricht – Telework, nomadische Arbeit, *heavy work*, Projektarbeit, Teilzeitarbeit –, findet ein ähnlicher Prozess der Vervielfältigung in jener Kategorie statt, die wir gemeinhin »Wohlstand« nennen. Was reich ist und was arm, wer zu welcher Schicht oder gar Klasse gehört, wird in der Wissensökonomie langsam unscharf. Wer ein festes Gehalt hat, bezahlt für seine Sicherheit mit Einkommensverlust. Umgekehrt verdienen die Mitglieder der »kreativen Klasse« womöglich recht unverschämte Honorare – aber wie lange? In den Rauschzeiten des Neuen Marktes konnten wir plötzlich Freunde oder Bekannte erleben, die fieberhaft auf Aktienkurse starrten und mit Einsatz ihres bescheidenen Privatvermögens Millionär geworden waren – für ein halbes Jahr. Aber auch ohne Spekulation wandeln sich die Gesetze von Reichtum und Armut. Plötzlich gibt es Menschen mit Millioneneinkommen, die in rumpeligen Einzimmerwohnungen leben, weil sie keine Zeit zum Wohnen haben. Und auf der anderen Seite der alten Wohlstandsbarriere: Bankmanager, die sich in ihrer privaten Finanzplanung gründlich verhoben haben und in deren Kühlschrank sich verschämte Aldi-Paletten türmen. Die Kündigung kam unerwartet und heftig mit 50, die bis zum Rentenalter durchgeplante Karriere platzte in der letzten Fusion wie ein Luftballon. Dazu kam eine Scheidungskrise – peng, aus.
Die Wohlstandswelt der Zukunft kennt ungewohnte Verlierer und ungewöhnliche Gewinner – und sie hat andere Werte. Scheinbar gut verdienende Angestellte erweisen sich beim näheren Hinsehen als *working poor*, die die extraorbitanten Mieten in den neuen Boomtowns nicht mehr zahlen können oder Schuldenberge bei Ex-Partner und Steuer aufhäufen. Andere leben von gut 1000 DM im Monat mit allem Komfort, weil sie geschickt ihre Grundkosten minimieren konnten. Man lebt vegetarisch mit 40 in einer Einliegerwohnung der Eltern und betreibt ein

kleines Tai-Chi-Studio, dessen Einkünfte man schwarz kassiert. Oder: In einer Turbo-Phase des Lebens hat man einen Bestseller geschrieben/einen Plattenhit gelandet/eine Firma hochgezogen. Nun ist ein sechsstelliger Betrag auf dem Konto geparkt, aber man weiß, dass dies ein einmaliger, fast zufälliger Erfolg war. Sind das neue Arme oder alte Reiche? In der spätindustriellen Wissensökonomie greift das Lebenskonstrukt des Bohemien auf weite Teile der Bevölkerung über: Lebenskunst wird ökonomisiert, nicht immer legal. Mehr Menschen schichten ihre Investitionen um: Statt mehr materielle Güter zu kaufen und Statussymbole anzuhäufen, werden die Ressourcen in Freiheitsoptionen angelegt.

GENERATIONENVIELFALT – DIE RÜCKKEHR DER SILBERHAARE

Nach einem »erfüllten«, sprich abgeleisteten Arbeitsleben so früh wie möglich in den Ruhestand – das war die persönliche Utopie der industriellen Welt. Doch was geschieht, wenn der Wertewandel Lebensentwürfe hervorbringt, in denen Arbeit nicht mehr als Fron, sondern als essentieller Teil der Selbstverwirklichung begriffen wird?
»Menschen, die länger und gesünder leben, werden wahrscheinlich drei oder vier Berufskarrieren mit Ruhestandszeiten dazwischen haben«, meint Sam Mercer, Campaign Director des Employers Forum on Age. Das einstige Pensionsalter, das man heute »zweiter Lebensabschnitt« oder »drittes« bzw. »viertes Lebensalter« nennt, birgt die Möglichkeit eines neuen Anfangs, einer neuen Karriere, ja in manchen Fällen sogar einer neuen Familie.
In den Unternehmen, die jahrelang ihre Alten gar nicht schnell genug ins Pensionswesen abschieben konnten, werden die Älteren nun als Talentreserve wiederentdeckt. In der Wissensökonomie werden die Fähigkeiten älterer Mitarbeiter neu bewertet. Ältere Mitarbeiter zu behalten

heißt, Firmenwissen zu behalten und die mit wechselnden Arbeitskräften verbundenen zusehends größeren Risiken zu reduzieren.

Die neuesten Untersuchungen haben ergeben, dass ältere Arbeitskräfte nicht weniger, sondern andere Fähigkeiten haben als jüngere. Eine 6500 Topmanager erfassende Studie der Cranfield School of Management kommt etwa zu dem Schluss, dass über 45-Jährige besser mit komplexen Situationen und Aufregungen umgehen können, sich im Umgang mit anderen reif, offen und tolerant verhalten, teamorientiert sind und den Dialog fördern, nicht nur Kollegen und den Betrieb, sondern auch ihre eigenen Fähigkeiten realistisch beurteilen. In der veränderten Welt der Wissensökonomie sind dies Tugenden, die die nachlassende Spannkraft mehr als kompensieren.

Allerdings setzt es auch bei den Älteren einen Wandlungsprozess voraus: Wollen Betriebe ältere Mitarbeiter behalten und umschulen, ist eine der Hauptfragen, ob die Beschäftigten in der Lage sind, sich mit neuen Technologien vertraut zu machen. Eine Studie von Intel in den Vereinigten Staaten belegt allerdings, dass zusehends mehr Angehörige der Altersgruppe der 55- bis 75-Jährigen Computer verwenden. Die amerikanische Firma Manpower gibt an, dass mehr als 125.000 über 50-Jährige ihre Computerkurse besucht haben. Die deutschen Volkshochschulen sind voll von *silver surfers*, die sich in Internetkurse stürzen.

In ihrem Buch »Don't Stop the Career Clock« greift Helen Harkness die Ideologien über Altern und Arbeiten an: »Die Ideologien des Alterns sind dermaßen plausibel, dass es eine herrschende gesellschaftliche Vorstellung davon gibt, wie Ältere sind, und die Menschen darauf konditioniert werden, sich diesem Bild anzupassen, wenn sie älter werden.«

Was den Mythos des geistigen Verfalls im Alter betrifft, verweist Helen Harkness darauf, dass Forschungsergebnisse zeigen, dass das menschliche Gehirn bis in die Achtziger- oder gar Neunzigerjahre gleich gut oder sogar besser funktioniert – wenn man es trainiert. Im Hinblick auf den Mythos des körperlichen Verfalls geht die Autorin auf den Unterschied von »funktionellem Alter« und »chronologischem Alter« ein und erinnert daran, dass 79 Prozent aller über 65-Jährigen keine körperlichen Beeinträchtigungen haben. Ein Bericht der OECD legt nahe, dass es im Großen und Ganzen kein biologisch fundiertes Argument für ein Pensionsalter von 60 Jahren gibt. Harkness regt an, die chronologische Alterseinteilung um ein zweites mittleres Lebensalter von 60 bis 80 zu ergänzen.

Vier Typen repräsentieren im Wesentlichen die Rückkehr der Älteren in die Arbeitswelt:

- *Past Masters* stammen aus der Elite der noch nicht 60-jährigen Fachleute, die aufgrund der Erfahrung gefragt sein werden, die sie im Laufe ihres Lebens gemacht haben.
- *Past Pros* sind qualifizierte Arbeitskräfte, die sich angesichts technologischer Fortschritte einer Umschulung unterzogen haben und mit ihren neuen Qualifikationen am Arbeitsmarkt bessere Chancen haben werden.
- *Outsiders* sind Arbeitnehmer mit beschränkteren Einkommensmöglichkeiten, die sich aber das zunehmende Outsourcing und die immer flexibleren Arbeitsverhältnisse zunutze machen können.
- *Elder Servicepeople* sind Dienstleister, die, da sie über keine besonderen Qualifikationen verfügen, verschiedene Aufgaben für den Rest der arbeitenden Bevölkerung übernehmen, wobei das Spektrum von der Kinder- und Altenpflege bis zur Garten- und Hausarbeit reicht.

MINORITY MIND

In der Zukunftsgesellschaft übernehmen Minderheiten eine andere Funktion als in den eher kulturell homogenen Gesellschaften der industriellen Welt. Minderheiten sind nicht mehr Abweichler von der

Mehrheit, auch keine zu schützenden »Soziotope« mehr. Sie sind der Schatz, den zu heben die Mainstreamkultur permanent herausgefordert ist. Sie sind Prototypen für den Reichtum der Gesellschaft.

Nehmen wir die Schwulenkultur. Ihr langer Weg von der unterdrückten und verschwiegenen Minderheit zum selbstbewussten Lebensstil mag noch nicht zu Ende sein. Aber an allen Ecken und Enden unserer Kultur dringen Motive schwuler Lebenskultur in den Mainstream ein – bewusst oder unbewusst. Schwule sind stilbildend. Sie beeinflussen die Mode (nicht nur die Männermode), das Design, die Kunst, das Freizeitverhalten. *Pink money* wird als Kaufkraftreservoir immer wichtiger, weil keine andere Zielgruppe über so viel konsumfreies Einkommen verfügt – Schwule verdienen immer Geld, und sie haben meist keine Familie. Schwule repräsentieren viele Trends, die die Gesellschaft als ganze erfassen: mehr Singletum, temporäre Paare, Doppelverdiener. Mehr Lebenskunst und Alltagsästhetik, mehr Stilbewusstsein. Schwule sind im Grunde die Avantgarde der Erlebniskultur. In der Sexualität machen sie uns seit vielen Jahrzehnten vor, wie ein Leben aussehen kann, in dem Sexualität und Reproduktion getrennt sind. Sie sind Pioniere einer hedonistischen erotischen Kultur, die längst weite Kreise der Mittelschichten befallen hat: Sexualität ist Vergnügen und Hobby. Das Äquivalent zum Dark Room ist der Swinger-Club, und Schwule leben vielerorts das, was Heteros sich wünschen, sich aber nur verschämt trauen.

Minderheiten sind in der Vielfaltsgesellschaft nicht mehr Abweichungen von der Norm, sondern diejenigen, die das Salz in der Suppe bilden. Gesellschaften, die ihre Minderheiten nicht nur integrieren, sondern es ihnen gestatten, den kulturellen Mainstream mit zu gestalten, haben in der Evolution der Wissensökonomie entscheidende Vorteile. Damit wird die Aufgabe des Gesellschaftsingenieurs eine ganz andere. Will eine Kultur in der Zukunft Erfolg haben, muss sie denjenigen, die *anders* sind, nicht nur eine Chance geben – sie muss von ihnen lernen! Und damit löst sich über kurz oder lang das Konzept der »Minderheiten« auf.

DIE NEUE GLOBALE ELITE

Ein altes Barockstädtchen über dem Mittellauf der Donau war im Herbst 2000 Schauplatz für eine bemerkenswerte Hochzeit. Mein Freund und Lehrer John Naisbitt, der in den frühen achtziger Jahren mit dem Weltbestseller »Megatrends« die neue Trend- und Zukunftsforschung begründete, heiratete im stolzen Alter von 70 eine 18 Jahre jüngere Frau, Doris, eine blonde Wienerin. Es war ein wunderbarer Herbstabend, und auf der Terrasse des plüschigen Hotels wehte ein Hauch von Wienerwalzer und Satchmo-Blues. Aus Wisconsin, Kalifornien, New York, der Steiermark, England und noch ein paar anderen Regionen des Planeten war eine bunte Mischung überwiegend rothaariger Gencodes angereist. Kinder und Kindeskinder der weit verzweigten Naisbitt-Sippen aus drei Ehen, die sich seit Jahren nicht gesehen hatten, spielten Ringelreihen um den befrackten Klavierspieler. Ärzte, Landwirte, Vertreter, Psychologinnen, Künstlerinnen. Menschen, die sich noch nie begegnet waren, sprachen freundliche Worte in abenteuerlichen Akzenten zueinander. Dazu gesellten sich die weit verzweigten deutschsprachigen Familienbande von Doris, deren Spektrum vom Bauernsohn bis zum Dr. phil. reichte – ein transkontinentales Kauderwelsch, das – täusche ich mich? – allmählich allgegenwärtig wird.

Eine Brigitte F. schrieb mir neulich eine Mail:
Ich besitze von den Eltern her den deutschen und den Schweizer Pass, lebte nach meiner Geburt in Afrika mit den Eltern im Irak und in Kuwait und verbrachte dann meine Ausbildungszeit im Taunus, in Mainz und in Paris. Seit 1994 bin ich wohnhaft in der Schweiz.
Was ich kann? Ja, da könnte ich jetzt viel aufzählen ... Zu meinen Vorzügen gehört, glaube ich, eine große Kontaktfreudigkeit, eine große Flexibilität, Spaß, mich in neue Gebiete einzuarbeiten, Neugierde und Interesse gegenüber Menschen. Ich gehöre, glaube ich, zu den »Zukunftsmenschen«, die sich ein Leben, ein und

denselben Beruf ausübend, nicht vorstellen können. Ich liebe das Schreiben und
mag gerne Sprachen, besonders Französisch. Ich arbeite in einem Lehrauftrag an
einem Benediktinerkloster. Wo ich hin will? Ich brauche eine lebendige, interes-
sante Umgebung, eine Auseinandersetzung mit Denkarten, Denkrichtungen an-
derer Menschen und Kultur und setze mich gerne für Projekte ein. Ich kann mir
Medien- und Öffentlichkeitsarbeit vorstellen, aber auch direkte Projektentwick-
lung und Projektarbeit.

Die Arbeits- und Lebenswelt der Zukunft bewirkt neue Ströme transna-
tionaler Migration, die nicht nur Armut mit sich bringt, sondern auch
neue Reichtümer. Strukturen entstehen, die den alten feudalen Versip-
pungen und Verschwägerungen quer über die Kontinente ähneln. Aber
heute geht es nicht mehr um Königreiche, sondern um Liebe, Geschäft
und unglaublich verzweigte Netzwerke von Wahlverwandtschaften.
Die globalen Wanderer der Zukunft sind gut gekleidet und ausgerüstet
mit Kreditkarten und Heiratsabsichten. Meistens sprechen sie mehrere
Sprachen, und viele haben mehrere Pässe, ihre Hautfarbe changiert zwischen allen Farben der Erde. Sie sind Botschafter jener globalen Ökonomie, deren Ankunft sich in den neunziger Jahren des 20. Jahrhunderts
vorbereitete.

Heute sind 25 Prozent des Silicon Valley in der Hand indischer Kapi-
talgeber. In Singapur, einer räumlich begrenzten Wohlstandsmaschine
des Fernen Ostens (drei Millionen Einwohner auf 600 Quadratkilometern), wirbt man umgekehrt heute ausländische Talente nicht mehr an,
man bringt die Arbeit als Projekt einfach zu ihnen – ein großes E-Pro-
jekt wurde neulich im Netz ausgeschrieben und an ein Netzwerk von
mehr als 100.000 Indern vergeben.[29] Schifffahrt und Luftfahrt schlagen
ihre multikulturellen Schneisen in das räumliche Territorium der alten
Nationalstaaten. Jede Truppe auf einer Großbaustelle oder Bohrinsel
spricht heute Irdu, Portugiesisch oder Kisuaheli. In den Transitknoten
des Weltverkehrs wachsen riesige Städte. Der Rhein-Main-Airport
Frankfurt etwa hat jeden Tag 60.000 Arbeiter und mindestens 150.000

»Bewohner« aus allen Kontinenten. Allein die 50 Großflughäfen der Erde haben bereits heute eine »Bevölkerung« von 6 Millionen Menschen täglich. Wenn wir wissen, dass im Jahre 2010 jedes Jahr 200 Millionen Menschen interkontinental unterwegs sein werden, dass mehr als 500 Millionen per Flugzeug eine Landesgrenze überschreiten, wird klar, wie sehr diese Transitlebensformen den Alltag der Zukunft bestimmen werden.

Dieser globale Prozess der Wohlstandsverschiebung und -vermengung erzeugt eine neue Elite. Man könnte sie die »Kosmokraten« nennen. Ihre zentrale Qualifikation besteht in der Fähigkeit, kulturelle Grenzen zu überspringen. Ihr Diskurs ist ein komplexes Spiel mit unterschiedlichen Interessensgebieten und kulturellen Codierungen. Es sind die *Mischlinge* – genetisch oder kulturell – die im globalen Spiel die evolutionären Trümpfe in der Hand halten. Die Grenzgänger. Die Bewohner des ewigen Transits. Ihnen gehört der Diskurs und die Zukunft. Wenn sie nicht die Macht übernehmen, haben wir ein Problem!

DER NEUE STANDORTWETTBEWERB

Mitten in der pannonischen Tiefebene, dort, wo Ungarn eine weite, agrarische Ebene ist, erhebt sich eine Stadt aus der mitteleuropäischen Steppe, die in ihrer Unfertigkeit und Vitalität an die amerikanischen Städte des Wilden Westens erinnert: lange Einfahrtsstraßen mit glitzernden, seltsam modernistischen Tankstellen, die dennoch irgendwie Bretterbuden ähneln. Vergnügungs- und Spielsalons, neue Autos und alte Pickups. In Györ haben alle europäischen Autohersteller, von Audi über BMW bis Daimler, hochproduktive Fabriken errichtet. Die Arbeitslosigkeit ist gering, die Löhne für Ungarn überdurchschnittlich – es ist Boomtown im Wilden Osten.

2100 Kilometer weiter nordwestlich, unweit des Polarkreises, können wir ein sehr ähnliches Phänomen besichtigen. In den Fichtenwäldern des Subpolarkreises, am finnisch-schwedischen Bottenmeer, wächst die Stadt Oulo in die Breite. 2400 Firmen mit 30.000 Angestellten bilden den Kern einer schnell wachsenden High-Tech-Metropole, die unentwegt junge Familien und Talente aus aller Welt anzieht – obwohl sie ein halbes Jahr lang fast nur vom Polarlicht beleuchtet wird. Vor 20 Jahren hat Nokia hier Forschungs- und Entwicklungslabors gegründet und damit einen beispiellosen Boom ausgelöst.

In der Wissensökonomie entstehen neue Ballungszentren der Prosperität. Die kostbare Ware Talent wird in Bildungs- und Technikclustern magnetisiert, die sich jenseits der industriellen und nationalen Strukturen formen. Der internationale Wettlauf zentriert sich nicht mehr in den Rohstoffgürteln, auch nicht mehr nur in den Großstädten, jedenfalls nicht dort, wo die industrielle Revolution ihren Reifezyklus durchschritten hat.[30] Das neue Silicon Valley kann auf Wüstenboden oder in der Tundra entstehen. In Bangalore/Indien entsteht eine Computerstadt mitten in der indischen Armut.

Die *hot spots* der neuen Ökonomie kommen in drei Typen einher. Erstens die klassischen High-Tech-Cluster im Stil von Silicon Valley: Hier geht es vor allem um das schnelle Geld, sagenhafte Aufstiege, große Taten. Man arbeitet rund um die Uhr und lebt in Schlafstädten. Zweitens: neue großstädtische Technologiezentren wie München oder Seattle, die einen entscheidenden Lebensqualitätsfaktor nachweisen können. Und dann das, was die Amerikaner »*latte town*«, Cappuccino-Orte nennen: Hier macht vor allem die junge Kultur das Faszinosum aus. Barcelona gehörte in den letzten Jahren dazu, vielleicht Dublin. Es können aber auch kleinere Universitätsstädte sein: Heidelberg beherbergt neben ungezählten SAP-Mitarbeitern eine erstaunliche Anzahl Biotech-Firmen. *Latte towns* haben einen hohen Freizeitwert, bieten eine schöne Umgebung mit reichhaltigem Angebot für *soul sports*, Sportarten, die man in der freien Natur ausübt wie Mountainbiking, Jogging oder Klettern. Es ist das Milieu, das sie prägt: eine Mischung aus Subkulturen, Künstlertum und High-Tech-Aufbruchstimmung. In »Fast Company« hieß es neulich in einem Städtetest:

Der »Schwulenindex« ist ein entscheidender Faktor bei der Fähigkeit einer Stadt, Wissensarbeiter anzuziehen und zu halten. ... Nicht dass schwule Angestellte für High-Tech-Firmen von zentraler Wichtigkeit sind. Ein hoher Schwulenanteil ist vielmehr ein Indikator dafür, ob die »kulturellen Umweltfaktoren« der Neuen Wirtschaft stimmen: Toleranz, Offenheit für Diversity und viele urbane Einrichtungen – von tollen Shops bis zu Theatern. All dies ist für die Weltklasse der Wissensarbeiter entscheidend bei der Ortswahl.[31]

Einer der großen neuen Themen neben High-Tech für diese Cluster wird, neben der Gesundheit, die Bildung. Australien etwa bezieht inzwischen ein Drittel seiner Devisen aus dem akademischen Bildungswettbewerb;[32] die amerikanischen Hochschulen ziehen die Hochbegabten aus aller Herren Länder an und formen sie zu begehrten High Performern. Bildung wird *die* entscheidende Standortfrage, und wer seine Bildungsprogramme nur mit nationaler Ausrichtung betreibt – und nur die Bildungselite seines eigenen Landstrichs oder seiner eigenen Ethnie bedient –, wird im 21. Jahrhundert schnell den Anschluss verlieren. Bildungsmärkte sind *per definitionem* multikulturell geprägte Märkte. Das Erlernen verschiedener kultureller Standpunkte, das Überbrücken kultureller *gaps* gehört zu den Kernqualifikationen der globalen Arbeitswelt.

Die Zahl der schwarzen Gesichter wird deshalb eines nicht so fernen Tages über Wohl und Wehe von Regionen, ja sogar von Nationalstaaten entscheiden. Der kritische Punkt, von dem aus der Abschwung oder der Aufschwung einer Region beginnt, liegt in der Grundressource der Toleranz. Die tief sitzende Angewohnheit vieler Bewohner Mitteleuropas, auf schwarze oder gelbe Gesichter entweder mit verkrampfter Toleranz oder schlecht unterdrücktem Gaffen zu reagieren, erzeugt ein Klima, das die Wohlstandsströme der Wissensgesellschaft vertreibt. Intoleranz und Fremdenfeindlichkeit sind nicht nur ein Verstoß gegen den globalen Moralkodex, sie sind ein massiver Standortnachteil. Das gilt für den lettischen Programmierer wie für den indischen Elektronikspezialisten und für den südafrikanischen Tänzer. Dort, wo sie sich alle treffen, tanzt der Bär der Neuen Ökonomie. Die Orte, die sie meiden, werden die Einöden des 21. Jahrhunderts sein.

Sei tolerant oder verschwinde von der Bühne der globalen Ökonomie. So einfach und brutal ist das.

Und so beruhigend!

KOSMOPOLITISMUS GEGEN VERTRÄUMTES MULTIKULTI

In London, einer immer noch und immer wieder blühenden Metropole, leben 333 ethnische *communities* mit über 10.000 Mitgliedern. Zum Beispiel 300.000 Zyprioten. Die Stadt hat durchschnittliche Kriminalitätswerte, und obwohl hier dieselbe ethnische Vielfalt wie in amerikanischen Großstädten herrscht, ist das Klima keineswegs von Angst und Schrecken gekennzeichnet. Wie weit aber kann man Multikulturalität treiben? Pascal Zachary hat in seinem Diskurs über die globale Kultur »Die neuen Weltbürger«[33] auch die Grenzen der totalen Offenheit aufgezeigt. Grundregel: In armen Gesellschaften wirkt Multikulturalität oft dramatisch entsolidarisierend. In reichen Gesellschaften ist sie ein Segen. Gesellschaften haben vor allem dann Erfolg im evolutionären Spiel, wenn sie einen bestimmten Typus von Immigranten aufnehmen: Menschen, die nach oben wollen – und die bereit sind, dafür zu kämpfen und etwas zu leisten. Menschen, die *skills* haben, aber keine Gelegenheit, diese Fähigkeiten in ihren Heimatländern zu entwickeln.

Immigration ist dann ein Segen für die Ansässigen, wenn eine bestimmte Form von *Aufstiegsenergie* damit verbunden ist. Sesshafte, abgeschottete Gesellschaften werden in vielerlei Hinsicht »faul«. Immigranten bringen jenen Ehrgeiz mit, den die soziale Evolution benötigt wie Fische das Wasser. Und diese Energie kann auf die Einheimischen überspringen. Wenn, ja wenn man die offene Gesellschaft institutionell richtig absichert.

Wichtig ist, dass wir in der Multikulturdebatte keine Illusionen schüren – und uns von den rechten wie linken Moralklischees verabschieden. Diversity benötigt drei wesentliche Grundkonstanten:

- Erstens einen starken Verfassungsstaat, der die Toleranzregeln der Gesellschaft notfalls mit Gewalt durchsetzen kann.
- Zweitens eine »Kultur des Lernens am Fremden«, die auf Nivellierung verzichtet und im anderen zuerst den Reichtum, dann das Problem wahrnimmt.
- Drittens aber auch eine »Kultur des Chancen-Zwangs«. So, wie das holländische Institut für multikulturelle Entwicklung im ganzen Land Sprachkurse für Migranten durchführt – und diese mit sanftem oder bisweilen auch direktem Zwang auch durchsetzt –, geht es darum, den Neuankömmlingen eine Chance – und damit auch eine Verpflichtung – zum sozialen Aufstieg zu vermitteln.[34]

Ist eine dieser Bedingungen nicht gegeben, zerbricht das zarte Geflecht der Vielfalt. Und machen wir uns nichts vor: Immigration bedeutet immer auch, dass Menschen ihre eigenen Enklaven und Gettos in der Fremde bilden. Man lebt getrennte Leben, die nur durch Zufall, den geographischen Raum und vielleicht den gemeinsamen Willen, eine prosperierende Gesellschaft zu formen, verbunden sind. Wir sollten deshalb in der Zukunft eher eine polykulturelle Gesellschaft erwarten: Distanz und Differenz muss moderiert, ausgehalten, fruchtbar gemacht, nicht vermieden werden. Nicht das kuschelige Multikulti nutzt, sondern ein kühler, verfassungsstaatlich aufgeklärter Kosmopolitismus, der den anderen ihr Anderssein lassen kann, ohne sie mit Klischees oder Anpassungswünschen zu überfrachten.

Dazu Ulrich Beck:

Wenn man dem Multikulturalismus glaubt, gibt es das Individuum gar nicht. Es ist ein bloßes Phänomen seiner Kultur. … Kosmopolitismus setzt demgegenüber Individualisierung voraus und verstärkt sie. Das Individuum ist gleichzeitig in seiner Person, Ehe, Herkunftsfamilie, in seinem Arbeitsleben, Mitglied verschiedener, oft national exklusiver Gemeinschaften.[35]

Noch einmal: In der Gesellschaft der Zukunft herrscht nicht das Prinzip Gleichheit, sondern das Prinzip unendlicher Differenzierung. Die Konsumkultur wird nicht vereinheitlicht, sondern immer vielseitiger. Die Entwicklung des Popkultur-Senders MTV, der als englisches Einheitsprogramm den Planeten erobern wollte, heute aber 28 regional unterschiedliche Sendeformate von Brasilien bis China ausstrahlt, zeugt von der stillen, erodierenden Kraft der Unterschiede. McDonald's serviert heute in manchen Ländern kein Rindfleisch, in Japan derweil Sushi und in Dänemark Fiskeböller. Die »Globalauto«-Strategie von Ford hingegen – ein Auto für die ganze Welt – führte den Konzern in eine weltweite Krise.

Was im Kulturellen beginnt, pflanzt sich in alle anderen Merkmale einer Welt fort, in der die Globalisierung die Gleichheitsgesellschaften auflöst. Direkt neben dem Opernhaus beginnt die Elendsmeile. Neben dem Loft-Studio fängt Klein-Indien an. Neben demjenigen, der für einen halben Tag Consulting 5000 Euro kassiert, sitzt derjenige im Café, der mit drei Jobs seine Familie über Wasser hält. Hier entsteht plötzlich in wenigen Jahren eine Boomregion, während gleich hinter der nächsten Autobahn eine Region ins Haltlose sackt. Auch keine noch so mächtige Subvention kann in Zukunft mehr diese Prozesse verhindern. Die scharfen und spannenden Brüche, die bis jetzt nur die wirklich großen, pulsierenden Weltmetropolen wie New York oder London prägten, greifen in der globalisierten Welt um sich.

Eine der friedlichsten und tolerantesten Gesellschaften unseres Erdballs finden wir auf der Insel Mauritius. 1.148.000 Einwohner auf nur 2000 Quadratkilometern mit zahlreichen felsigen Arealen, Bruttosozialprodukt pro Einwohner: 4010 Euro. 69 Prozent Inder und Inder-Mischlinge, 27 Prozent Kreolen, 3 Prozent Chinesen, 3 Prozent Weiße. Lebenserwartung 71 Jahre im Mittel zwischen den Geschlechtern. Religion: 52 Prozent Hindus, 30 Prozent Christen, 13 Prozent Muslime, buddhistische Minderheiten. Sprache: 36 Prozent französisches Kreolisch, 33 Prozent Bhojipuri, 5 Prozent Tamil, 4 Prozent Urdu, 4 Prozent Hindi, Amtssprache Englisch. Regierung: Eine überwiegend sozialistisch gefärbte Regierungsmehrheit regiert das Land nach englischem Verwaltungsmuster handelsfreundlich und äußerst marktwirtschaftlich. Die Kriminalitätsrate ist nur bei Eigentumsdelikten relativ hoch.

Und die Werte? Was wird aus den verbindlichen Werten in einer Vielfaltsgesellschaft?

Das Andere und das Andersartige respektieren und wertschätzen. Einen Grundton der Höflichkeit, wie er vielleicht in den angelsächsischen Ländern am selbstverständlichsten ist. Und eine andere Bewertung von Leistung, die sich nicht auf das alte Modell von Pflichterfüllung bezieht, sondern auf eine faire »Moral der Veränderung«: Etwas geleistet hat jemand nicht, wenn er einen Plan oder eine Anforderung erfüllte, sondern wenn er *herauswuchs*. Wenn er weiterkam und sich veränderte. Das genau sind die Werte, die wir unseren Kindern vermitteln sollten.

DIE EMPOWERMENT-GESELLSCHAFT

SELBSTVERÄNDERUNG ALS KULTURELLES GRUNDPROGRAMM

Die wirkliche soziale Revolution der letzten 30 Jahre ist der Wandel von einem Leben, das im Großen und Ganzen für uns organisiert wurde, zu einer Welt, in der wir selbst unsere Ziele und Methoden wählen müssen.

Charles Handy, The Hungry Spirit

I'm a waiter. I live on tips.

Courtney Love

Frauen in Rüschenblusen und Schlangenjeans. Anzugmenschen, die im Nirgendwo des Vertretertums gestrandet sind, Polizisten im Karojackett, Buchhalter und Marketingjünglinge, *smart guys* knapp unter 24, mit der vagen Idee eines genialen *business plan* im Kopf. 250 Männer und Frauen. Der Raum, ein durchschnittlicher Hotelsaal im Braungold der späten achtziger Jahre, riecht nach grenzenlosen Erwartungen und Joop-Rasierwasser. Es findet der Gottesdienst des 21. Jahrhunderts statt. Die Initialisierung. Die Taufe für die Neue Ökonomie der grenzenlosen Möglichkeiten. *Entdecken Sie die grenzenlose Power des Willens! Werden Sie reich, indem Sie glücklich werden! Zögern Sie nicht! Machen Sie etwas aus Ihrem Leben! Verwandeln Sie sich aus einer grauen Maus zur Powerfrau!*

Auftritt *himself*. Die Jacke über die Schulter, die Gesichtskonturen unter einem Panzer aus Fernsehschminke. Sein gezoomtes Gesicht mit dem Raumfahrermikrophon schwebt als Großaufnahme über der Bühne. Ruhe. Ein wenig verlegenes Füßescharren. Ein konzentrierter Blick über die Runde. Er weiß nicht, wohin er mit seinen Fingern soll. Und dann steigert sich die Musik zum Crescendo: *You got the power!*

Also gut: Wer hierher kommt für zwei Mille am Tag pro Person, der hat es nötig. Andererseits: Was soll schlecht sein an Basisarbeit für einen *Homo erectus*, der sich – endlich – darauf besinnt, dass er seines eigenen Glückes Schmied ist? Ist nicht der Glaube an die eigene Power der eigentliche Treibstoff, das wahrhaft kostbare Elixier der Wissensgesellschaft – und die Grundvoraussetzung für alles andere?

Change yourself!

Nachmittags im Fernsehen fängt es an: *Ich finde mich hässlich und möchte mich operieren lassen. Ich bin voller Hass gegen meinen Partner. Ich entdecke den Sex neu mit ein bisschen Gewalt – bin ich normal?* In den Großbuchhandlungen von Barnes and Nobles bis Hugendubel häufen sich die Stapel in der Abteilung Self Improvement. *Sieben Wege, ihr Leben zu ändern. Dreizehn Wege zum totalen Glück. Waschbrettbauch jetzt – einfach und schnell.* Es geht, nicht zuletzt, um den Körper: *Laufen lernen, schlank werden, wieder auf den Markt der Erotik treten, ein zweites Leben beginnen, das Alter widerlegen.* Es geht um Liebe und noch mal Liebe und die Aufrüstung der Geschlechter. *Nur harte Mädchen kommen in den Himmel! Entdecke dein Selbst, bevor du tot bist! Schlappe Jungs sind keine Ehe wert.* Kaum ein Hollywood-Film, kaum ein Roman, der nicht die Katharsis der Selbstveränderung zum Thema hätte, jenen mühseligen, stolpernden Prozess, in dem eine existentielle Krise zum wahren, klaren, blendenden Licht der Selbstkonfrontation führt, gefolgt von einem *commitment*. Der narzissti-

sche Mann, der es mit der Karriere übertrieb und von seiner erstarkenden Frau verlassen wurde, driftet ins Fegefeuer von Impotenz und
Krankheit. Der an seiner Ehe gescheiterte Börsenyuppie geht in ein
Slum und leistet freiwillige Bürgerarbeit.

Der aufrüttelnde Ton des VERÄNDERE DICH! durchzieht den alltäglichen Diskurs. Wir sind auf der Suche. Ernsthaft und lebenslang. Es
ist eine Massenbewegung, *die* Massenbewegung unserer Tage. Wir ändern uns. Und wir beobachten uns unaufhörlich selbst dabei! Wir lernen, aus unserem Leben ein Drehbuch zu machen, eine Eigenbiographie
– und wir lassen uns bei diesem Prozess helfen.[36]

Früher antwortete man auf die Frage » Wie geht's?« mit dem Standard
»gut«. Heute – und vor allem morgen – sagt man: »Schlecht. Aber ich
bin weitergekommen!«

DAS WER-BIN-ICH-SPIEL

Zwar kannte auch die bürgerliche Gesellschaft das Thema der Selbstverbesserung. Gerade der Puritanismus hat diesbezüglich eine lange Tradition: Benjamin Franklin etwa gründete mit 21 Jahren, im Jahre 1727 in
Philadelphia einen »Club zur wechselseitigen Verbesserung«, in dem jeden Freitagabend über »Moral, Politik und Naturphilosophie« debattiert wurde.[37] Aber damals ging es noch um andere Tugenden als um die
Entdeckung des empowerten Ichs. Thomas Manns skandalöses Leiden in
Venedig oder Effi Briests verbotene Leidenschaften blieben Freizeiterregungen, genossen in heißen Lesestunden am Kamin. In der Realität galt
hingegen lebenslang die bürgerliche Tagesordnung. Der industriell geprägte Mensch war im Wortsinne »fertig«. Er hatte irgendwann mit 25
»ausgelernt« – nicht nur beruflich, sondern auch im Repertoire seiner
sozialen Rollen und seiner seelischen Entwicklung.

Einen Einwand jedenfalls können wir uns von vorneherein abschmin ken: Dass der Megatrend Selbstveränderung (wieder einmal) nur die Wohlhabenden, die Schönen oder Bevorzugten betrifft. Was ist »Big Brother« anderes als eine gigantische Selbstthematisierung, in der auch Autoschlosser, Ausländer, Bardamen und Volksschüler mit herbem Dialekt einen sicheren Platz an der Sonne der Selbsterarbeitung finden? Längst nehmen die unteren Schichten via nachmittäglicher Coming-out-Show und Doktor-Serie, öffentlicher Millionärsselektion oder voyeuristischer Inselerotik am großen, warmen Strom der Selbstentdeckung teil. *Du, Männe, ich wollte dir lange schon mal sagen, dass ich dein Verhalten ab morgen nicht mehr akzeptieren werde!*

In Japan sind derzeit so genannte *survivor stories* Mode: Bücher und Fernsehserien mit den selbsterzählten Biographien Behinderter oder vom Schicksal Geschlagener. »Ermutigungsstorys« nennen sich diese oft kitschigen, authentischen, aber auch rührenden Coming-outs: Frauen, die missbraucht wurden, Blinde, Schicksalsfamilien, die ihre Angehörigen bei bizarren Unfällen oder Morden verloren.[38] Es geht darum, wahrgenommen zu werden. Jemand zu sein in der unendlichen Spiegelung des Publikums.

Oder besuchen Sie einmal die Website www.amihotornot.com. Die Site nutzt die multipolaren Möglichkeiten des Netzes in einer nahezu perfekten Art – und bietet eine brauchbare Metapher für das neue Individuum, dessen Identität sich aus Millionen Selbst- und Fremdbetrachtungen zusammensetzt.

Nein, es geht nicht um Schmuddelsex. »Am I hot?«, heißt übersetzt: »Bin ich attraktiv?« (Oder noch tiefer übersetzt: »Bin ich etwas wert? Bin ich jemand? Bin ich interessant?«) Die Site bietet nur eine einzige Dienstleistung: Man kann sein eigenes Bild hineinstellen und von den Tausenden von Besuchern messen lassen, ob man auf einer Skala von eins bis zehn als »hot« wahrgenommen wird. Gleichzeitig gibt man dieses Urteil auch über jedes beliebige andere Bild auf der Site ab – ein perfektes, multidimensionales Rückkoppelungssystem.

Probieren Sie es aus. Und wundern Sie sich, wie Selbstwahrnehmung und Fremdwahrnehmung differieren – und zwar in beiden Richtungen der Skala!

WHEN WORK BECOMES HOME – DIE ALLGEGENWART DER ARBEIT

Wo Männer und Frauen nicht mehr durch industrielle Rollenbilder getrennt sind, wird der Alltag zu einem Akt ständigen Ausverhandelns. Das *Dilemma* ergreift Besitz vom Alltag. Liebe und Beziehung geraten zum Kunstwerk aus Kompromissen, mühsam gedämpften Konflikten und unaufhörlichen Spannungen. Familie wird eine Managementaufgabe, die den Herausforderungen eines ausgewachsenen Business nicht nachsteht. Nun müssen zwei Karrieren gemanagt und koordiniert werden, ganz zu schweigen von den Anforderungen, die Kinder an unser Alltagsleben stellen. Wie »Fast Company« es neulich ausdrückte:
Selbst ganz alltägliche Entscheidungen werden opak und vielschichtig, wie ein dreidimensionales Schachspiel. Was, du musst heute Abend bis spät arbeiten? OK, aber wer sammelt die Kinder ein, kocht das Essen und bringt die Anzüge zur Reinigung?[39]
Der Fluch der Neuen Ökonomie entsteht ausgerechnet an ihrer Sonnenseite: Dort, wo sich Arbeit von Maloche zu Selbstverwirklichung wandelt. Denn nun wird Arbeit zur Konkurrenz der privaten Sphäre. Sie steigt aus ihrem Flussbett des »Nine-to-five« heraus – und überflutet das gesamte Privatleben. So ging es in der New Economy zu:
Spirit-Commitment-Motivation. Hier arbeiten Leute, die für ihre Firma alles geben: Wissen, Ideen, Gefühle, Zeit. Von letzterer so reichlich, dass sie mit dem Rest kaum mehr anfangen können, als zu Hause die Waschmaschine anzustellen, die Katze zu füttern und ins Bett zu fallen. Sie leben so, weil sie so leben wollen. Sie sind kaum zu bremsen, sie sind glücklich.[40]

Dagegen scheint die alte Arbeitswelt manchmal geradezu paradiesisch. *Die Füße hochlegen! Fernsehen! Frühpension!* Das Leben fand jenseits der Arbeit statt und war von ihm chirurgisch getrennt. Wissensarbeit hingegen erzeugt ein Gefälle, einen Strudel, in den alles hineingerissen wird: Familie, Lebensenergie, soziale Energie.

»Arbeit ist viel zivilisierter als das Zuhause«, sagt Louise Jackson, eine Anwältin in den Dreißigern und Mutter dreier Kinder, in dem Buch »The Time Bind – When Work Becomes Home and Home Becomes Work«[41]. Louise Jackson schildert jenen Nestflucht-Effekt, der Frauen (und Männer schon immer) von zu Hause in die Sphäre der Arbeit treibt – selbst wenn sie es gar nicht müssten:

Zuhause, das ist, wo die Kinder wie die Verrückten herumschreien und sich wie Vandalen aufführen und du jede Sekunde kämpfen musst. In der Arbeit sind die Leute höflich und vernünftig. Du kannst Dinge erledigen und vorwärtsbringen. Du kannst kontrollieren und dirigieren ...

»Home becomes work«: Der Ort, der in der industriellen Kultur Reproduktion und Erholung gewährleisten sollte (ob er dieses Bedürfnis immer erfüllte, ist eine andere Frage), wird zum Ort, wo die Maloche stattfindet. Der Ort des Kontrollverlusts: schwierige Kinder, die um Anerkennung und Aufmerksamkeit kämpfen. Langweilige Tätigkeiten ohne tatsächliche Belohnung. Der Hort von Neurodermitis und Nasentropfen ist eben nicht besonders »powerful«. Die Familie wird »Eustress«, der Job »Kreativstress«: Er wird zum täglichen *thrill*, zur Herausforderung, die uns in Adrenaline und »Flow-Hormone« taucht, die Kommunikation ermöglicht, soziale Anerkennung, ja sogar Geborgenheit im Team. *Das* ist der neue soziale Konflikt des 21. Jahrhunderts: Der Konflikt zwischen den »langsamen« Bedürfnissen der Kinder und den Power- und Selbstverwirklichungsbedürfnissen der Erwachsenen. Der Konflikt zwischen der aufregenden Schnelligkeit der neuen Arbeitswelt und den langsameren Rhythmen von Reproduktion und Partnerschaft. Die Nestflucht *beider* Geschlechter aus den Höhlen der alten Rollenteilung.

DIE NEUE HÄRTE

Gisela Erler, Tochter des charismatischen SPD-Nachkriegsführers Fritz Erler, heute Inhaberin eines Life-Work-Balance-Beratungsunternehmens (www.familienservice.de) beschrieb neulich das Phänomen weiblichen Karrieredrangs an der Schwelle zur Neuen Ökonomie:

Seit einigen Jahren entwickelt sich auch in Deutschland eine Arbeitskultur der »neuen Härte«, besonders in multinationalen Firmen, in Konzernen nach Fusionen und in allen Betrieben, die im Bereich der Informationstechnologien angesiedelt sind. ... Lange Arbeitszeiten, Reisen, Wochenendeinsätze, Hektik, ständiger E-Mail- und Handykontakt mit der Firma, extremer Zeitdruck. Das ist alles nicht neu, neu ist allerdings, dass wir in solchen Firmen immer häufiger Mütter finden, die auch kurz nach der Geburt ihrer Kinder unbeirrt an dieser Kultur festhalten. Die nach nur acht Wochen Mutterschutz unbeirrt an ihren Arbeitsplatz zurückkehren. Manchmal bleibt in diesen Fällen der Partner daheim, manchmal wird eine Kinderfrau eingesetzt ... Die Frauen, die diese Modelle leben, sind hochqualifiziert und energisch ... Sie verlangen viel. Von sich. Von ihren Partnern. Von den Unternehmen.[42]

Warum tun diese Frauen das? Weil sie den kapitalistischen Gelddrang verinnerlicht haben? Weil sie sich nicht trauen, ihre »weiblichen Instinkte« zu leben? Vielleicht ist auch alles ganz anders. New Capitalism schafft Druck. Lustvollen Druck. Erst dieser Druck auf die Lebenskonstruktionen – und die dadurch erzwungene Beschleunigung – ermöglicht Menschen, nachhaltig und ohne Kompromisse aus tradierten Rollen auszubrechen.

In »sanften« Unternehmen, die ihre MitarbeiterInnen mit großem I schreiben und ihnen jede Menge Mutterschaftsabwesenheit und Teilzeitkontrakte erlauben, bleiben die Konflikte zwischen Privat- und Berufssphäre gedämpft und abgefedert. Gerade in diesen »guten« Unternehmen resignieren die Frauen, bleiben weg, verheddern sich in Halb-Jobs und schlechten Gehaltsklassen. Die Überwindung der

Rollen-Schwerkraft funktioniert offenbar nur bei hohem Tempo, mit dem Nachbrenner einer gehörigen Portion Ignoranz gegenüber dem Urteil des sozialen Umfelds. *Lola rennt.* Weil sie es satt hat, sich zwischen kreativer Arbeit und kreativer Reproduktion entscheiden zu müssen, entscheidet sie sich beinhart für beides.

Statt Kompromissen das Austesten der Belastungsgrenzen: Wie weit kann man gehen, um ein erfülltes Leben zu führen? Wie komplex können wir werden, bevor wir in 1000 Splitter auseinanderfallen? Wie fühlt es sich an, wenn nach einem 10-Stunden-Arbeitstag die Kinder den heimeigenen Schreibtisch stürmen und drauf bestehen, am Business-Laptop Computerspiele zu spielen? All das ist alles andere als angenehm, aber es gibt keine Alternative, keinen faulen Kompromiss: Wer sich einrichtet, hat schon verloren und wird im Reihenhaus mit Ehevertrag bestraft!

NETWORKING: DAS NEUE SOZIALE SPIEL

Wird die Wissensgesellschaft einen Typus des zwanghaft superautonomen Menschen ausbrüten? Einen Superschmied des eigenen Lebens, der die Mitmenschen allenfalls zum Freizeitvergnügen braucht?

Wer ein Gefühl hat für die feinen Töne, die unsere soziale Welt zusammenhalten, der konnte spätestens seit der Jahrtausendwende eine feine, aber fundamentale Veränderung im Tonus der Alltagskommunikation bemerken: Es begann die Ära des Networkings.

Zunächst fällt auf, dass sich in der Begegnung zwischen Menschen berufliche und private Sphäre mehr und mehr vermischen. Die Startup-Kultur bestand nicht zufällig aus Menschen, die aus ihren Freundescliquen heraus Firmen gründeten. Man arbeitete mit Menschen zusammen, die man auch kannte. Und man arbeitete eben nicht nur, sondern lebte, liebte, hoffte und bangte. So wurde berufliche Kommunikation emotionaler und persönlicher, private Kommunikation professioneller. Nicht das Politische wurde persönlich, wie in den sechziger Jahren in den Zeiten der Studentenrevolte; *das Private wurde ökonomisch.*

In den statischen Kulturen des alten Business sind Verhandlungen von Statusbehauptungen geprägt. In den Ritualen des Visitenkartenaustausches, dem allmählichen Formulieren des Verhandlungsgegenstands und dem vorsichtigen Umkreisen des Preises erschöpft sich meist die Klaviatur der Kommunikation. Am Ende läuft es auf ein Entweder-oder hinaus: Kommt das Geschäft zustande oder nicht? Wenn einer gewinnt, muss der andere verlieren.

Networking vollzieht sich in einem anderen sozialen Zielhorizont. Selbst der Vorstandsvorsitzende ist nun plötzlich persönlich erreichbar – wenn er seine E-Mails nicht direkt beantwortet (oder ein sehr, sehr gutes Team hat, das ihn perfekt simuliert), wird er es schwer haben. Auch Networking kann hart und konkurrent sein, aber in ihm machen steife Regeln keinen Sinn. Das Ganze ist ein Spiel in einem sich ständig erweiternden Feld von Kommunikation, ein ständiger Versuch, Win-Win-Situationen zu erzeugen, den eigenen Wirkungsradius auszudehnen. Das Spiel ist offen, das heißt auch: Es ist nie umsonst. Wir lernen immer etwas über uns selbst.

In dieses Spiel gehen wir nicht mit Macht- und Statusansprüchen, sondern mit *content*. Man muss sich ein wenig mit der Web-Logik auseinandersetzen, um diese andere Art und Weise, soziale und berufliche Systeme zu organisieren, zu verstehen. Im Web gilt nur und allein der *Zugang.* Wenn ich meinen *content*, meinen Inhalt, teile, kann ich neue Zugänge zu ihm schaffen. Die Anzahl der Netzknotenpunkte und Verbindungen erhöht den Nutzen exponentiell – für alle Seiten.

So entsteht der Zwang zur Koevolution statt Konkurrenz: Coopetition tritt auf den Platz, eine Mischung aus Wetteifern und Kooperieren. Die zentrale Eigenschaft: Ich muss den anderen fördern, um etwas von ihm zu haben. *Die Bedürfnisse des anderen erkennen und befriedigen, um die eigenen*

Bedürfnisse zu erfüllen. Und es ist selbst dann klug, ihn zu fördern, wenn er auf demselben Markt auftritt wie ich. Märkte in Netzwerken sind wie Ackerlandschaften, die wir gemeinsam in Kulturlandschaften verwandeln müssen. Wer weiß außerdem, in welcher Funktion wir dem Gegenüber morgen über den Weg laufen?

Nur wer die Kunst des authentischen Networking beherrscht, wird in der Zukunftswelt empowert sein. Und das gilt auch für unsere private soziale Umwelt: An der vereinsamten älteren Dame von nebenan, die man irgendwann nach Wochen tot in ihrem Bett findet, können wir die scharfe Demarkationslinie zwischen der alten sozialen Welt, der Welt der familiären Bindungen und Sicherheiten, und der offenen der Netzwerkwelt studieren. Die alte Dame neigt zu Vorwürfen und Bitterkeit. Sie pflegt ihren Menschenhass, der es schwer macht, mit ihr dauerhaft freundlich zu verkehren. Sie hat nie gelernt, ihre sozialen Beziehungen als Netzwerk offener Optionen zu gestalten. Sie hat sich immer verlassen – auf den Mann, die Enkelkinder und Cousinen, auf Pflichtgefühle und Schuld. Und nun ist sie selbst verlassen.

Sich vermitteln können, sich immer wieder auf den Markt der Gefühle bringen, sich anbieten und verhandeln – das sind in der Individualwelt notwendige Qualifikationen des sozialen und beruflichen Überlebens.

DIE KULTUR DES SCHEITERNS

Welches Menschenbild wäre es wert, in die Idee der Selbstverbesserung zu investieren? Betty Zucker (www.bettyzucker.ch), eine Consulterin aus der Schweiz, hat in einem magischen kleinen Aufsatz neulich den Begriff des »2000sassas« geprägt. 2000sassas, so Zucker, sind Virtuosen der Lebenskunst, denen nicht unbedingt stählerner Wille zu Eigen ist. Sie benötigen vielmehr neue Eigenschaften, die sich mit seltsamen Begriffen wie »Treibsandtauglichkeit« oder »Wiederaufstehfähigkeit« besser ausdrücken lassen als mit den Vokabeln der neuen Power-Ideologie.

Betty Zucker unterscheidet den Menschentypus der »Brüller« vom Typus der »Könner«:

Für die 2000sassas ist weniger die Macht das Aphrodisiakum, sondern die Freiheit, eigene Ideen einbringen und nutzen zu können. Geld spielt eine Rolle, aber ebenso das Team. Könner wollen sich abstrampeln in den vielen sich herauskristallisierenden Möglichkeiten. Könner wissen, dass sie mit Egotaktik und Hardindividualismus allein selten die Welt bewegende Innovationen umsetzen können.«

Was hier beschworen wird, unterscheidet sich deutlich von den Supermännern der Motivationsarena. Eine weise Erkenntnis steht im Zentrum dieses Menschenbilds: Wir benötigen in Zukunft, in unruhigeren und unsicheren Zeiten, mehr denn je eine Kultur des Scheiterns. Es kommt nicht so sehr darauf an, wie wir siegen, sondern wie wir Niederlagen wegstecken. Und viele Dinge entziehen sich der Selbstveränderung – auch im Power-Zeitalter!

Eine der interessantesten Websites der Zeit nach dem Absturz des Neuen Marktes hieß Startupfailures.com. Die Site, ursprünglich als Kummerkasten und Hasscontainer für die vielen gegründet, deren Träume von Wohlstand und Berühmtheit im Niedergang der Internetfirmen in Rauch aufgingen, hat sich innerhalb weniger Monate zu einem der wichtigsten Portale der »Nächsten Ökonomie« gewandelt – jener Ökonomie, die nach der New Economy kommt. Heute ist sie ein Transmitter von Erfahrungen, die auch und immer wieder mit Niedergängen, mit Scheitern zu tun haben, und gerade deshalb so kostbar sind. Hier werden die Katastrophen und Krisen der wilden Zeit analysiert und kommuniziert, verarbeitet und zu neuen Aufbrüchen genutzt.

Dass die schicken Jungs der Motivationstrainerszene in Maseratis zur Arbeit fahren – es sei ihnen gegönnt. Das Problem ist ihr *Brüllertum*. Zu sich selbst finden, sich selbst aus den vielen Möglichkeiten des Lebens herauszumeißeln, ist eine schwere, heroische Aufgabe, die im Grunde keine lauten Töne verträgt. Die Motivationstrainer reduzieren das zarte Geflecht des Willens und der Kreativität auf selbstredundante Formeln. Im Grunde arbeiten sie mit industriellen Methoden am Rohstoff Mensch. Sie behandeln ihn wie ein Fließbandgut. *Zack! Du kannst es. Rechnung folgt.*

Sie sind vielleicht Smarties. Aber sie sind nicht *smart*.

YOU CAN BE CONTENTED: DER LESSNESS-TREND

Die Neue Ökonomie benötigt, wenn sie uns tatsächlich etwas Neues erzählen will, keine neuen Menschen, sondern ein neues Verständnis menschlichen Wachstums. Dies kann nur gelingen, wenn wir verstehen, dass Menschen nicht wirklich »neu« werden. Sie haben ethnologische, körperliche, systemische Grenzen. Diese Grenzen zu verstehen, zu akzeptieren und anzunehmen, ohne dabei auf die Idee der Selbstentwicklung zu verzichten, wird die zentrale Herausforderung für einen zukünftigen Menschenbild-Konsens. Im Kern geht es dabei um die Frage des Glücks.

- Glück ist die Fähigkeit, das können zu wollen, was uns erweitert und herausfordert.
- Glück ist aber auch die Fähigkeit, das wollen zu können, was möglich ist!

Eine Schlüsselfunktion nimmt dabei (neben der Fähigkeit, in Würde zu scheitern) das *Neinsagen* ein. In der spätindustriellen Welt hat das Ausmaß der Waren und Informationen den Charakter einer Sintflut angenommen. Aus der »Kultur der Wahl« ist eine »Kultur des Zuviel« geworden. Wir sollten dies aber nicht benörgeln und beklagen, denn Überfluss ist allemal besser als Mangel. Wir sollten uns allerdings schnell daran machen, unser Leben mit asketischen Techniken zu redesignen.

Neinsagen: Zum nächsten Turbo-Businessplan, der uns die nächsten Jahre erneut 14 Stunden täglich an den Schreibtisch fesselt. Zum Aufkauf der Firma durch einen Konzern, der uns in Marionetten verwandelt. Zum Börsengang, der zu einem mörderischen Wachstumstempo zwingt. Zu noch mehr Gimmicks und Gadgets, die klingeln, piepsen und unsere strapazierte Aufmerksamkeit erfordern. Zu mehr Räumen, in denen Schonbezüge über Möbeln liegen und Gäste niemals übernachten. Zu noch mehr nach Walnussholz riechendem Hubraum, noch mehr Hin und Her zwischen unnützen Meetings, Terminal A und Terminal Herzinfarkt.

Wer dies als ein Zurück versteht, hat nichts verstanden. Der Irrtum der alten Hippie-Ideologie lag ja in der Vorstellung, dass das »wahre Leben« in einer tribalen Idylle mit wenig geistiger Bewegung und möglichst vielen Streicheleinheiten zu finden sei. Wer glaubt, hier ginge es um die »Tugend der Langsamkeit«, um die »Abwendung vom Stress der technischen Welt«, ist ebenso auf dem Holzweg. Neinsagen in diesem neuen Sinne ist ein Akt der Wahl und der Differenzierung, eine Steigerung der Komplexität und des Wachstums. Es geht nicht darum, sich zu verweigern, sondern seinen eigenen Weg der Balance und der wirklichen Leistung zu finden. Ein Akt des Luxus, der zu neuem Luxus führt. Zu Zeitluxus. Zu konzentrierteren Genüssen. Zu besseren Erlebnissen und besseren Gedanken. Zu besserem Sex.

Das genau ist smartes Leben:

Die Kunst, bei schnellem Tempo die Balance zu halten. In einer Zeit, in der die Grenzen zwischen Arbeit und Leben verschwimmen, müssen wir schnell sein – aber langsam essen. Schnell sein, aber den Rosenduft riechen können. Schnell sein, aber Zeit für das Fußballspiel der Tochter haben. Die große Herausforde-

rung ist: Die Unterschiede in jenem Lärm finden, der sich Information nennt.
Der Schlüssel ist zu verstehen, dass wir nicht schnell sein müssen, weil wir ein
Rennen laufen, sondern dass wir ein Rennen ohne Ziellinie laufen. Und weil das
so ist, sollte das, was uns antreibt etwas ESSENTIELLES sein – ein Treibstoff
für das Herz, mit dem auch der Kopf etwas anfangen kann. (Fast Company)
Oder, wie der Dalai Lama neulich im Fernsehinterview auf die Frage eines Reporters erwiderte:

Frage: *Ist die moderne Welt mit ihrem Konsumwahn nicht schädlich für das spirituelle Selbst des Menschen?*

Dalai Lama: *In der Werbung sieht man vieles, was man sich nicht leisten kann. Schöne Dinge, teure Dinge, bunte Dinge. Macht nichts! Es ist ja trotzdem sehr schön anzusehen! YOU CAN BE VERY VERY CONTENTED!*
HAHAHAHA – und lachte auf seine unglaubliche prustende Art …

Die neuen moralischen Fragen

Moral und Ethik im 21. Jahrhundert

Wir können für die Zukunft etwas aus der Geschichte der Moral ler-
nen. In ihr befindet sich eine konstante Auseinandersetzung zwischen
liberalen und konservativen Werten. … Die einzige sichere Voraus-
sage für die Zukunft der Moral ist, dass dieser Kampf anhalten wird.
Die meisten Menschen gehören als Individuen niemals wirklich einer
Partei vollkommen an.

C. Grayling, Die Zukunft der moralischen Werte

Am Ende seiner schweißtreibenden Ermittlungen in Sachen des un-
heimlichen Todes von drei Jugendlichen blickt Kurt Wallander, unser
Kult-Kommissar aus Schweden, auf eine karge Schärenlandschaft und
sinniert:
Der Riss, der durch die Gesellschaft ging, weitete sich unaufhörlich … Eine
neue Teilung des Volkes ging im Land vor sich. In Menschen, die gebraucht wur-
den, und Menschen, die unnötig waren …
Wer wollte ihm nicht Recht geben, unserem melancholischen, zucker-
kranken, übergewichtigen, von allen Frauen verlassenen sozialdemokra-
tischen Kriminalbeamten Wallander? Süffig geht diese Formulierung
in jeder Talkshow über die Bühne. »Unsere Gesellschaft droht ausein-
anderzufallen« – wer möchte diese Warnung nicht mit rosaroter Tinte
unterschreiben?
Vermutlich ist Wallanders seufzender Blick auf die Zerklüftung der
Gesellschaft so alt wie die Menschheitsgeschichte. Er war immer be-

rechtigt, und er wird immer berechtigt sein, denn jede Zeit und jede Umwälzung kennt ihre Verlierer und ihre Gewinner. Sorgen müssen wir uns erst machen, wenn er verstummt. Das Problem ist nur, dass wir diesen Seufzer wie einen Schutzschild gegen die Realität benutzen. Ähnlich wie die Dorfbewohner im Dschungel, von denen einer zum wiederholten Male einfach zum Spaß »FEUER!« gerufen hat und die es einfach nicht mehr glauben, wenn es tatsächlich brennt, haben wir uns an den Ungleichheits-Stoßseufzer zutiefst gewöhnt. Im Grunde unseres Herzens wissen wir, dass wir in einer durch und durch mittelständischen Gesellschaft leben, in der alles Einkommen irgendwann in die Mitte fließt. Im Grunde wissen wir auch, dass es immer einen Randbezirk der Gesellschaft geben wird.[43]

In der ständig wiederholten Frage *Und was wird mit den Opfern?* steckt die Gefahr einer victimologischen Weltsicht. Die ganze Welt wird schließlich zu einem einzigen Opfer – ohne dass wir verstehen, was eigentlich Menschen *tatsächlich* zu Opfern macht. Und wie sich dies im Laufe der Zeit verändert. Diese Unkenntnis nährt die ständige Gebetsmühle der Betroffenheit, in der sich alle ständig deklamatorisch äußern, ohne dass irgendeine Maßnahme ergriffen wird: Moral zum Nulltarif bewirkt gleichzeitig den Niedergang der Moral.

Gabriele Simon in der »Zeit«:

Tatsächlich leben wir mit einer Vielzahl von Werten, aber die Verfallsdauer ist kurz. Wir sind heute großzügig und morgen berechnend, gestern frönten wir noch einem gesunden Egoismus, heute steht die hässliche Selbstsucht überall am Pranger. Wir leiden mit den Hungernden, wir üben uns ob unseres verwerflichen Lebensstils in bitterer Selbstkritik. Doch im nächsten Moment wollen wir uns wieder wie Götter fühlen. Wir freuen uns über jede beherzte Stadtteilinitiative, träumen von Solidarität, aber lieben auch die Gesetze des Dschungels und das Recht, in Ruhe gelassen zu werden.

Und schließlich: Opfer müssen nicht Opfer bleiben. Jedenfalls nicht in einer dynamischen, lebendigen, in die Zukunft strebenden Welt!

Eine kleine Geschichte des Opfers

In der tribalistischen Gesellschaft waren Opfer äußerst handfest, gewissermaßen wörtlich zu nehmen: Die Natur forderte Opfer satt. Tiere, manchmal Menschen, wurden geopfert, um die magischen und brutalen Mächte der Natur in Ritualen milde zu stimmen. Auch wenn diese Opfer keine echten Resultate zeigten – sie führten zu einer gewissen Katharsis und ordneten die soziale Welt.

Auch in der agrarischen Welt waren die meisten Menschen Opfer der Natur und ihrer Launen. Abermillionen starben an Mangel, Hunger und Naturkatastrophen, das Leben war Mühsal und Furcht. Es gab Sklaven und Herren, brutalste Ausbeutung. Aber auch die Aristokraten, egal in welchen Prunkschlössern sie lebten, kamen nicht davon. Wenn es an Krankheit und frühes Sterben durch Tuberkulose, Syphilis oder Krieg ging, waren es die »höheren Mächte«, die eine klassenübergreifende Gleichheit erzeugten.

Kein Wunder, dass für die agrarisch-feudalen Kulturen die Religion jenes gemeinsame Gefüge darstellte, in dem sich Herrschende und Beherrschte vereinten. Denn die moralische Aufgabe in der agrarischen Welt bestand vor allem im Akt der *Tröstung*. Dem Menschen im irdischen Jammertal Aussicht auf die Pforten des Paradieses zu geben – diese Funktion begründete den Mythos und den durchschlagenden Erfolg des Christentums. Welche Erfahrung muss es den Menschen gewesen sein, aus der Realität der Kriege, des kurzen Lebens, der Abhängigkeit von der Natur, in die Pracht einer barocken Kirche zu treten und *die Botschaft der Erlösung* zu hören!

Die industrielle Revolution forderte als erstes soziales Opfer das Bauerntum, dessen Anzahl es radikal reduzierte. Die bäuerliche Lebensweise wurde in der Industriegesellschaft geradezu ausgerottet – die Bauern zogen in einem endlosen Treck in die Städte und Industriegebiete, Bauerstöchter und Mägde verdingten sich zu Hunderttausenden als Hausangestellte, aus Kleinbauern wurden Arbeiter, Handwerker vom Lande heuerten in der Industrie an. Im Jahre 2000 gab es in den europäischen Gesellschaften noch drei Prozent Bauern – 100 Jahre zuvor lebten etwa 50 Prozent der Menschen auf und vom Lande.

Aber ist deshalb der Bauer ein Opfer der industriellen Revolution? Anders gefragt: Ist es für immer und ewig »gut«, mit der Hände Arbeit Feldfrüchte anzubauen und davon zu leben? In Bergwerksschächten nach Kohle zu graben war auch nicht gerade eine Befreiung von der Fron. Dennoch dokumentieren viele Berichte und Fotos aus der Frühzeit der Industrialisierung den ungeheuren Stolz, die Emphase, die die Pioniere der Arbeiterklasse empfanden (und auf den sich das sozialistische Pathos beziehen konnte): *Aufbauen! Die Natur besiegen! Fließend Wasser, saubere Bettwäsche in ordentlichen Mietskasernen!*

Der Industrialismus hob die Fragilität des agrarischen Lebens nicht auf, gab ihm aber zumindest eine Hoffnungsperspektive, eine Fortschrittsutopie, der sich auch der kleine Mann anschließen konnte: Wohlstand und höhere Unabhängigkeitsgrade von der Natur. Für diesen Traum opferten in den Bergwerken und Fabriken der industriellen Welt Menschen ihre Lebenszeit in der Produktion. Die Menschen – die Mehrheit – brachte ihre Knochen auf dem Altar der industriellen Maschinerie dar. Mit 50 waren sie verbraucht, alt, verschlissen und krank. Die moralische Aufgabe – die ethische Pflicht – in der Welt des Industrialismus galt deshalb dem Schutz der Opfer vor den Zumutungen der Großen Maschine.

Auf dieser Mission gründete die Emphase und auch der Verdienst der politisch-sozialen Bewegungen des 19. und 20. Jahrhunderts. Der Mythos des Sozialismus und des Kommunismus findet hier seinen Urgrund, aber auch die Sozialdemokratie und indirekt auch die Bewegung der »Bürgerlichkeit« wurzeln in diesem historischen Heroenakt. Und schließlich wurde ein gigantisches Erfolgsmodell daraus: Gewerkschaften und Regierungen, zum Teil auch die Unternehmen arbeiteten in der zweiten Hälfte des 20. Jahrhunderts konsequent an der Begrenzung der Kollateralschäden, die die industrielle Produktionsweise anrichtete. Gesundheitsversorgung, Arbeitszeitverkürzung, Verbesserung der Arbeitsbedingungen – ein langer, zäher, am Ende erfolgreicher Prozess.

DIE LEERE FREIHEIT

Auf einem Vortrag in Österreich traf ich vor einigen Monaten einen Mann, der sich als »Pensionist mit Bildungsambitionen« vorstellte. Er studierte im Alter von 60 Jahren Philosophie und antike Sprachen. »Das habe ich meinem Vater an seinem Grab heilig versprochen, dass ich etwas für meine Bildung tun würde.«
Oskar K., Nachfahre tschechischer Einwanderer, erzählte mir eine Lebensgeschichte. Er sah gut aus, braungebrannt und fit – er war mit 53 Jahren als Eisenbahner in Rente gegangen. Ich sprach ihn darauf an, wie ein Land am Anfang des 21. Jahrhunderts damit umgehen könne, dass ein Großteil seiner Menschen sich mitten im Leistungsalter aus dem Erwerbsleben zurückzog (und wie er selbst damit umging). Er sah mich verwundert an, aber dann erzählte er von den Lokomotiven, auf denen Heizer und Lokführer den brutalsten Arbeitsbedingungen ausgesetzt waren: Staub, Hitze, Kälte, schwere körperliche Arbeit, rasender Fahrtwind bei Minustemperaturen. Viele starben mit 50, kaum 55, an Tuberkulose, Staublunge und anderen Krankheiten. Die meisten litten, wenn sie ein Alter jenseits der 60 erreichten, an Gicht oder Gelenkrheumatismus, oder es waren die Gelenke kaputt. »Wir mussten ja bei Tag und Nacht fahren, bei jedem Wetter, auch im Krieg.«
Irgendwann wurde mir klar, dass er nicht über sich selbst erzählte, sondern über seinen Vater und Großvater. Er selbst hatte den überwiegenden Teil seines Berufslebens in der Schreibstube in geheizten Räumen

verbracht, später, in den sechziger Jahren, in der relativ komfortablen Sitzposition im Cockpit einer Elektrolok. Mit der Fron der rasenden Eisenbahn-Pionierzeit hatte das alles nichts zu tun, es war abgelagerte Erfahrung, dramatisiertes Vergangenheitswissen. Aber die Systeme und das Bewusstsein ändern sich langsamer als ihre Bedingungen, und der Triumph der Gewerkschaften hat einen historischen Nachklang.

Und in der Wissensökonomie? Wer ist »Täter« in einer Arbeitswelt, in der Teamwork und Kreativität regieren? Was passiert mit der moralischen Frage, wenn immer mehr Mitarbeiter zu Mitunternehmern werden, in der wir immer mehr durch Motivation und Identifikation mit unserer Arbeit verbunden sind?

Während der Industrieprozess die Menschen aus der agrarischen Welt – die nie eine Idylle war – vertrieb und in das Joch der Maschine presste, gibt die Wissensökonomie den Menschen eine leere Freiheit. Die Industriekultur band den Menschen in Abhängigkeiten – von Institutionen, Klassen, den Takten der Maschine – und gab ihm dafür im Gegenzug die Sicherheit von Position und Klasse. Die Wissensökonomie setzt den Menschen frei – und bürdet ihm gleichzeitig die Verantwortung für sein Leben auf, das er nun als Selbstunternehmer gestalten kann, aber auch muss. Sie setzt auf Individualität, Kreativität und die Fähigkeit, lebenslang zu lernen. *Sie zwingt ihn in die Emanzipation.*

»Opfertum« heißt in der Wissensökonomie nicht Hunger und kein Licht. Es heißt 100 Fernsehkanäle und Übergewicht. Es heißt, keine Ahnung zu haben, wie man sein Leben irgendwie auf die Reihe bekommt, wie man einen roten Faden in seine Wünsche und Leidenschaften flechten kann. Es heißt *zu verstummen* und *die Übersicht zu verlieren.* Nicht teilzunehmen am Zuwachs von Wissen und Kompetenz. *Offline* zu sein – sozial und technologisch.

Genau das stellt die moralische Frage radikal neu: nicht mehr als »Systemfrage«, in der die Lösung nur aus großen, mächtigen Institutionen und noch mehr Sicherheitsgarantien kommen kann. Sondern als Frage an das Individuum und seine Fähigkeiten. Es dreht moralisches Verhalten vom »Schützen« zum »Ermöglichen«. Von »garantierten Leistungen« zu »Zugangsmöglichkeiten«.

GLEICHHEIT UND GERECHTIGKEIT IN DER OFFENEN GESELLSCHAFT

Ist eine Gesellschaft, in der ein hohes Maß an Gleichheit – im Einkommen und im Lebensstandard – besteht, eine moralisch bessere und gerechtere Gesellschaft?

Natürlich! – würde jeder spontan sagen.

Aber die Formel geht nur auf, wenn man wesentliche Teile der globalen Realität herausfiltert. Die industrielle Welt – und ihr moralisches Denken – war von klaren Horizonten begrenzt. Ihr inneres Achsensystem basierte auf dem Nationalstaat, ihr Menschenbild auf dem »Staatsbürger«. Gleichheit und Gerechtigkeit, die ethischen Ideale der bürgerlichen Gesellschaft, gründeten auf einer klaren Grenzziehung: Die einen gehören dazu und genießen alle Rechte und Pflichten, die anderen bleiben draußen.

Im Zeitalter der Globalisierung aber sieht die Rechnung anders aus. Da draußen, jenseits der Grenzen, gibt es auch noch andere. Auch sie wollen einen Teil vom Wohlstand. Und sie sind – via Technologie und realer Globalisierung – *längst mitten unter uns.*

Gesellschaften, in denen ein hohes Maß an Gleichheit existiert, sind nach außen, im globalen Maßstab, äußerst ungerecht. Sie kümmern sich um die Komfortabilität der Innenbewohner, aber halten weder Einstiegsluken noch Strickleitern für diejenigen bereit, die sich als Newcomer im Spiel des Aufstiegs beteiligen wollen. Hier liegt der Grund, warum sich rechte Populisten und linke Globalisierungsgegner wunderbar verstehen und mit denselben Mechanismen der Angstabwehr arbeiten.

Ihre Botschaft lautet: *Bewahrt die Grenzen* – entweder die Grenzen der nationalen Ethnie oder die Grenzen der sozialen Schutzgarantien.

In dieser Logik brütet die Gleichheitskultur des Spätindustrialismus geradezu epidemisch einen Menschentypus aus, auf dessen Mentalität die schrecklichsten Blüten blühen: den kleinen Mann. Der kleine Mann bezieht seine Identität ausschließlich aus seinen Ängsten. Seine Psychologie bezieht er aus der alten, industriellen Obrigkeitsgesellschaft, und er fühlt sich den fundamentalen Veränderungen des Übergangs gegenüber hilflos. Er lebt in geschützten oder stark moderierten Märkten. Er lebt von den Opferbehauptungen der Populisten: Er sieht sich gleichzeitig als Opfer von »denen da oben«, den Bonzen, Bürokraten »des Systems«, wie auch der »anarchischen Marktkräfte«, vor denen er gefälligst geschützt werden möchte. So braut sich im Bewusstsein des kleinen Mannes eine Mischung aus Abhängigkeitsgefühlen, Aggressionen und Rebellionswünschen zusammen. Eine Mischung, die, wie wir aus der Historie wissen, tödlich werden kann.

Es gibt nur eine einzige Art, die Krankheit des Populismus in die Zukunft (und in eine neue politische Kultur) aufzulösen: eine Kultur der individuellen Marktchancen. Ins globale Zeitalter wirklich eintreten können nur Gesellschaften, in denen ein soziales Klima herrscht, das von der millionenfachen Erfahrung der *selbstverantworteten Veränderung* geprägt ist. In dem Aufstiege, aber natürlich auch Abstürze und Abstiege möglich sind. Offene Gesellschaften mit Zutrittsrechten *und* sozialen Pflichten für die Erfolgreichen.

Soziale Mobilität wirkt in langer Sicht am nachhaltigsten gegen das Opfertum. In den Gesellschaften Mitteleuropas gibt es hingegen eine lange Tradition der »Schichten-Hermetik«: Jeder bleibt über Generationen, wo er war: Der Professorensohn wird Professor, der ungelernte Arbeiter zeugt ungelernte Arbeiter. Der einzige dynamische Sektor ist der Schwarzmarktsektor – hier aber entwickeln sich schnell brutalste Ausbeutungsverhältnisse.

»Europa, gib mir deine Armen und Geknechteten, deine Verzweifelten und Hoffnungslosen«, heißt es an der Freiheitsstatue (man stelle sich den Spruch im Transitbereich eines europäischen Flughafens in Bezug auf unsere asiatischen Brüder und Schwestern vor!). Gegenüber dem ständischen und müden alten Kontinent mobilisierte die amerikanische Gesellschaft eineinhalb Jahrhunderte lang die individuellen Energien seiner Einwanderer. »Bereichert euch«, dieser angeblich kapitalistische Schlachtruf war der Beginn eines jahrhundertelangen Wettlaufs, der Generationen von armen bäuerlichen Immigranten zu Bewohnern jenes Middleclass-Planeten machte, in dem reichlich Bungalows mit gemähtem Rasen, Eiswürfelmaschinen und Swimmingpools zur Verfügung stehen.

Wir nähern uns einer unangenehmen, aber, wie ich glaube, produktiven Wahrheit: *Ungleichheit kann gewaltige Energien freisetzen.* Gleiche Gesellschaften neigen zur Stagnation und zur Privilegienabschottung, während Ungleichheit in offenen Demokratien einen enormen sozialen Aufstiegssog erzeugt. Eine Dynamik, die Menschen, die von unten nachdrängen, die Würde der Veränderung ermöglicht! Wir sollten wissen: Wer diese genuine Energie des Lebenswillens und der Veränderung nicht anzapft und fördert, handelt unmoralisch. Er versündigt sich an der planetaren Armut, auch wenn es den »eigenen Bürgern« dauerhaft gut geht.

GLOBALES WIN-WIN

Vor einigen Jahren, meine Familie und ich lebten in einer europäischen Metropole, kreuzte A. unseren Weg. A., damals 25 Jahre alt, stammte von den Philippinen und war mit 16 Jahren von zu Hause weggegangen – aus einer bitterarmen sechsköpfigen katholischen Familie mit vier älteren Brüdern, die – »nix Arbeit, viel langweilig« – die Familie dominierten. Nach einigen mehr oder minder schrecklichen Erfahrungen als Hausmädchen in Hongkong und Saudi Arabien war A. fast vier Jahre lang unsere gute Seele.

Haben wir A. ausgebeutet? Natürlich. Sie arbeitete zehn Stunden am Tag, putzte, kochte, passte auf die Kinder auf; monotone, aber keine schwere körperliche Arbeit. Andererseits: Es war schwer, sie zum Ausruhen in ihr Zimmer zu schicken oder ins Kino, denn dann langweilte sie sich. Wir mussten sie zu freien Wochenenden regelrecht zwingen; sie machte dann Babysitter- und Putzjobs in der Nachbarschaft. Sie lächelte viel und war oft heimwehkrank, aber wir sind ganz sicher, dass sie bei uns auf eine gewisse Weise glücklich war, soweit Arbeitsmigranten dies sein können. Sie lernte kein Deutsch und auch nicht die Sprache unseres damaligen Gastlandes, auch wenn wir ihr ständig Sprachkurse bezahlten. Wir zahlten ihr steuerfrei 700 Dollar im Monat, bei freier Kost und Logis. Ein Gehalt, das für deutsche Verhältnisse reine Ausbeutung war, auf den Philippinen aber das Dreifache eines Arztgehalts ausmachte. Die Hälfte überwies sie an ihre Familie, die andere Hälfte sparte sie. Sie hatte einen Freund auf den Philippinen, der uns zweimal besuchen kam, einen schüchternen, kleinen, liebevollen Jurastudenten aus Manila, der sie vor einer bizarren Ehe mit einem Europäer auf magische Weise schützte. Wir konnten sie nicht halten. Irgendwann lief ihr Touristenvisa endgültig aus, das sie dreimal mit Tricks verlängert hatte. Eineinhalb Jahre war sie illegal in der EU. Bei einer Polizeikontrolle nahm man sie schließlich fest und schob sie ohne viel Federlesens ab. Unser Anwalt berichtete, sie sei auf der Gangway zum Flugzeug völlig entspannt und fröhlich gewesen.

A. hat letztes Jahr geheiratet und mit ihrem Mann ein schönes Appartement in einem Wohnblock eines besseren Viertels in Manila gekauft. Beide arbeiten jetzt in einer großen Rechtsanwaltskanzlei, sie als Assistentin, er als junger Rechtsanwalt. A. hat ihr Examen, das sie vor langer Zeit wegen Geldmangels nicht abgeschlossen hat, nachgeholt. Wir mailen ihr heute in regelrechten Abständen. *Happy New Year – when do you come back!?* Und neulich kam ein Foto mit der Mail – A. und ihr Mann mit neugeborenem Baby und der Zeile: *The one and only.* Eine riesige Stereoanlage, ein Kruzifix an der Wand, wuchtige weiße Ledersessel und Messingtische – die Insignien des Wohlstands.

Wie sagte sie immer: »EIN Baby – nix mehr!« Ob sie sich daran halten wird?

Eine globale Geschichte, wie es Millionen gibt, ein winziges Bruchstück aus dem großen Gesang der globalen Migration. Natürlich gibt es auch millionenfaches Scheitern, neue Formen von Sklaverei. Aber die Geschichte von denen, die auszogen, in fernen Ländern ihr Glück zu finden, ist im Kern eine Erfolgsgeschichte. Die Polen im Ruhrgebiet, die Iren in Amerika, die Chinesen an der Westküste der USA – manchmal nehmen diese Emigrationen den Charakter von Landnahmen an. Und immer haben sie einen »Response-Effekt« auf das jeweilige Heimatland. In Indien entsteht im Wechselspiel mit Fernost und Silicon Valley, gespeist von *outsourcing communities*, derzeit eine gut ausgebildete, global orientierte Mittelschicht von 200 Millionen Menschen, größer als die Mittelschicht der EU. Das chinesische Wirtschaftswunder des beginnenden 21. Jahrhunderts wird von den Re-Emigranten und dem Geld, das sie vor allem in den USA gemacht haben, beschleunigt. Der iranische Gottesstaat wird nicht überleben, weil der *brain drain*, den er erzeugt hat, irreversibel ist – die guten Leute gehen vorerst auf Nimmerwiedersehen ins Ausland. Je mehr die körperliche industrielle Arbeit an den Rand gedrängt wird, desto mehr ist die Emigration auch eine Chance für Frauen, aus alten, patriarchalen Kulturen zu entfliehen. An der Immigrationsgeschichte Deutschlands können wir die fatalen politischen Irrtümer ablesen, die erst zu einem »Ausländerproblem« führen. In den Sechzigern importierte Deutschland, wie die meisten europäischen Länder, industrielle Arbeitskräfte. »Ausländer«, das waren einfache Leute aus Portugals staubigen Feldern oder aus Anatolien, die »uns« schließlich in den Schulen ein Problem machten und allenfalls in der Gastronomie einigen Respekt erlangen konnten. Dann begann die große Welle des Asylantentums, in der Ausländer wieder nur Elendsgestalten waren, die frierend an Grenzposten oder in Lagern warteten. Da Deutschland seine koloniale Geschichte verdrängte, entstanden in Zentraleuropa keine Immigranten-Wohlstandskerne wie in London, Amsterdam oder Lissabon, wo braune, gelbe und schwarze Gesichter eher mit Businessanzügen und Kreditkarten assoziiert sind als mit Elend. So wird nicht nur die Kluft zwischen Inländern und Ausländern intakt gehalten, so wird moralisches Verhalten zwangsweise paternalistisch: Für Ausländer sein heißt immer nur für Schwache sein.

Aber die Armen und Geknechteten sind auch diejenigen, die noch etwas vorhaben! Deshalb ist es *nicht* moralisch, sie vor dem Unbill der Arbeit zu schützen und mit Almosen in Asylantenheimen zu versorgen. Es ist *nicht* moralisch, unsere sauberen, gewerkschaftlichen Arbeitsplätze zu schützen und den Neulingen damit jede Chance zu nehmen. Und es ist *nicht* moralisch, die untere Lohngrenze derart anzuheben, dass man damit all denjenigen, die nichts haben als ihre billige Arbeitskraft, aus dem Konkurrenzfeld schlägt. Denn es ist letztendlich ihr Leistungswille und ihre Hoffung auf sozialen Aufstieg, die sie Gerechtigkeit erfahren lassen könnte!

MITLEID MIT STARKEN SCHULTERN

Das Schicksal der 21-jährigen Jeamie Hennings ist typisch für ein »soziales Problem« am Anfang des 21. Jahrhunderts. Die 21-jährige Schwarze aus Milwaukee (es könnte auch ein Vorort von Paris oder London sein) hat Bildungschancen gehabt, sie aber nicht sonderlich effektiv genutzt. Sie brach kurz vor dem Abschluss die Highschool ab, schlug sich mit Gelegenheitsjobs durch – und bekam prompt ein Kind. Der Vater, ein verwirrter 20-Jähriger, ist längst über alle Berge. Jetzt erhält sie Sozialhilfe, muss aber dafür in einer Bibliothek arbeiten – was ihr sichtlich gut tut.

Oder Hezkie Burgess, 42, eine Mutter von drei Kindern, die noch nicht einmal richtig lesen kann. Eine klassische *welfare queen*, wie die Amerikaner sagen – ihre Geschichte ist die Geschichte der monatlichen *pay checks* des Staates. Jedenfalls früher. Jetzt hat Hezkie einen Job in einer Plastikfabrik in Milwaukee, neun Stunden am Tag, harte Arbeit. Aber wenn man sie fragt, ist sie stolz: »Mein erster Job, und ich kann das gut hier. Viel besser als den ganzen Tag nur zu Hause bei den Kindern sein – ich bin froh, dass man mich dazu gezwungen hat.«

Zwei Beispiele aus den so genannten Welfare-to-Work-Programmen, wie sie überall von den USA über Japan bis Skandinavien ausprobiert und entwickelt werden und wie sie im US-Bundesstaat Wisconsin besonders konsequent entwickelt wurden: Sozialstaat mit harter Hand, oder wie Bill Clinton es ausdrückte: *Mitleid mit breiten Schultern.* 62 Prozent der ehemaligen Sozialhilfeempfänger in Wisconsin/USA haben seit dem Beginn des Programms, das Clinton mit dem Personal Responsability and Work Opportunity Act im Jahre 1996 startete, einen dauerhaften Job gefunden. Die Sozialhilfequote sank von 50.000 im Jahr auf 6783 Personen im Jahre 1999.

Das Beispiel Wisconsin zeigt die Differenz zwischen einer statischen Moral der Betroffenheit und einer lösungsorientierten, aktiven Moral auf. Es ist leicht, Geld für die Verlierer zu fordern, ungleich schwerer ist es, Verlierern dabei zu helfen, die Verliererstraße zu verlassen. Die Produktivität der modernen Ökonomie ist derart hoch, dass es uns im Wortsinn »wenig kosten« würde, 10, 20 Prozent Ausgeschlossene einfach vor dem Fernseher ruhig zu stellen. Die Kosten für den schlichten Lebensunterhalt sinken durch die ständig steigende Produktivität weiter. In einer Individual- und Wissenskultur geht es jedoch um einen weiteren Schritt: den Menschen dazu zu verhelfen, in Würde und Selbstverantwortung zu leben.

An dieser Front voranzukommen, ist viel teurer und anstrengender als jenes delegierende Sozialsystem, das uns verwaltet und umverteilt und mit dem wir die letzten 30 Jahre Menschen in Abhängigkeiten eingewickelt haben. Es ist wahrscheinlich auch zunächst teurer als das bürokratische System alter Prägung: Lese- und Schreibkurse, intensive soziale Betreuung, Begleitung in den ersten Monaten der Arbeit, psychologische Hilfestellungen, PC-Schulungen. All das verschlingt Geld. Statt Geldüberweisungen müssen wir jetzt den Schwachen Zuneigung entgegenbringen – Zuneigung *mit Wirkung*. Die Kunden sind nun nicht mehr Nummern in den Gängen eines Amtes, sondern nervende, fordernde, schwierige Individuen mit total unterschiedlichen Schicksalen. Der eine leidet an Alkoholproblemen, die andere hat nur eine falsche Ausbildung hinter sich. Der eine ist unterschwellig depressiv, der anderen fehlt vielleicht einfach ein Auto und ein Babysitter, um in den Jobmarkt zurückzukehren. Der eine ist vielleicht als überqualifizierter Philosoph in der Sackgasse der Arbeitslosigkeit gelandet und hat in Wirklichkeit ein Arroganzproblem, die andere ist vielleicht ein Supertalent, hat aber nie gelernt, sich sozial zu managen. Die Gründe des Scheiterns in der modernen Wirklichkeit sind vielfältiger, als die Gründer unseres Sozialsystems (das auf Schichten, Maßen, Gleichförmigkeit aufbaut) es sich träumen ließen.

Wenn wir uns an die Neukonstruktion unseres Sozialsystems in der Wissensökonomie machen, müssen wir für die folgenden neuen moralischen Fragen eine Antwort finden:

Ist es »sozial«, wenn wir die Menschen für einen monatlichen Scheck vor den Fernseher abschieben?

Welchen Ethos, welche Würde hat Arbeit?

Wollen Menschen mit sozialen Problemen an der Hand genommen oder in Ruhe gelassen werden?

Wie »hart« muss ein Sozialsystem sein, um helfen zu können?

BÜRGERGESELLSCHAFT, REVISITED

Es liegt auf der Hand, dass ein solches radikal reformiertes Sozialsystem ohne die hartnäckige Kraft individueller Freiwilligenarbeit nicht auskommen kann. Hier schlägt die Stunde der kommunitaristischen Ansätze, einer Vision der neuen Bürgerarbeit. Hier ist aber auch der gesamte Kontext unseres Sozialsystems gefragt: Wie gehen *wir selbst*, die wir weder krank noch ungebildet sind, mit den großen Systemen der Absicherung um? Wie können wir den Selbstverantwortungsfaktor steigern? Könnten wir nicht – um ein Beispiel zu nennen – diejenigen, die regelmäßig Sport treiben, sich gesund ernähren, die also ein geringeres Gesundheitsrisiko tragen, deutlich geringere Krankenversicherungsbeiträge zahlen lassen?

Ungerecht? Für wen?

Weiter gedacht: Müssten wir nicht aus einer »Krankenversicherung« eine »Gesundenversicherung« machen? Jeder Bürger zahlt einen monatlichen Beitrag, solange er gesund ist. So, wie in China jahrhundertelang die Ärzte bezahlt worden sind, wenn sie ihrem Patienten Krankheiten im Wortsinn »vom Leib hielten«, geht es dann in der ökonomischen Wertschöpfung des Gesundheitswesens vor allem um die Herstellung und Balancierung von Gesundheit. Wenn wir krank werden, hören wir mit den Zahlungen auf und empfangen nun aus dem System Zuwendungen, bis wir wieder gesund sind …

Was ich mit diesen Beispielen aufzeigen will, ist nicht die »Korruption unserer Sozialsysteme«. Sie sind in den Zeiten industrieller Homogenität gewachsen, und in dieser Logik waren sie sinnvoll und funktional. Aber moralisches Engagement im 21. Jahrhundert erlaubt nicht mehr die Delegierung der »sozialen Frage« an ein bürokratisches Ausgleichssystem. Natürlich wird es immer einen Rest von Menschen geben, die sich allen Bemühungen entziehen. Weil sie wirklich krank, für immer traurig oder »fertig« sind. Oder partout nicht wollen. Diese fünf bis zehn Prozent der Bevölkerung sollten wir im Prinzip in Ruhe lassen und ihnen anstandslos eine gehörige monatliche Überweisung zukommen lassen. Aber wir sollten niemanden zum Opfer stempeln, bevor wir uns nicht bemüht haben, ihn aus dem Opferdasein rauszuholen! Und dazu muss man ihm – in aller Freundschaft – in den Hintern treten!

Wie finden wir heraus, wer wirklich nicht will oder kann?

Welche Formen des sozialen Netzes fördern menschliche Einsicht in komplexe Systeme?

Wie machen wir Opferhaltungen zu »Täterprogrammen«?

Wir können wir die Sozialsysteme derart professionalisieren, dass sie Marktenergien erzeugen, aufnehmen und produzieren?

MEINUNGS-GUERILLAS

Im März 2000 hörten Tausende von Einkaufenden in den Läden der US-Möbelkette Home Depot plötzlich folgende Aufforderung durch die Lautsprecher:

Achtung, Einkaufende! Gehen Sie in den Gang sieben! Dort finden Sie Mahagoniholz, frisch geschlachtet aus dem Herzen des sterbenden Amazonas-Urwaldes!

Wenige Monate später unterzeichnete Home Depot mit anderen großen US-Möbelunternehmen ein Zertifikationsabkommen zum Schutz des Regenwaldes. Die Hacking-Aktion des Rainforest Action Network[44] hatte Erfolg gehabt und eine ganze Produkt-Range aus den Regalen gekippt.

Moderne Medien ermöglichen neue Techniken der Meinungs-Guerilla, des öffentlichen Drucks mit nachhaltigen Effekten. Die hungrige Meute der kritischen Journalisten geht eine heilige Allianz mit Initiativgruppen und NGOs ein, die gelernt haben, wie man im Markt der Meinungen die Hebel bewegt. Auf diese Weise lassen sich, weitaus effektiver als durch eine simple Protestdemonstration, globale Konzerne unter Druck setzen. Mit den Mitteln modernen Meinungs-Commitments kann man ganze Produkt-Ranges vom Markt drücken – siehe grüne Gentechnik. Ölmultis wie Shell erleiden dramatische Niederlagen gegen Greenpeace, Nike bekommt ein Riesenproblem mit Kinderarbeit. Und das Internet spielt eine zusätzliche Rolle in dieser neuen Klaviatur des Protestes: Aggressive Websites können eine Marke oder einen Konzern zum Target seiner eigenen Zielgruppe machen, wie viele Unternehmen in den USA es bereits erlebt haben (z.B. Fluggesellschaften, deren schlechter Service in Websites wie fuckunitedairlines.com von Tausenden von Konsumenten gebrandmarkt wurde).

Wir sind also keineswegs ohnmächtig gegen »die da oben«, gegen die »Multis« und »Turbo-Kapitalisierer«. Der neue öffentliche Druck wird die Geschäftspraktiken, die Öffentlichkeitsarbeit, ja die ganze *corporate identity* der Unternehmen in Zukunft verändern. Kein Unternehmen wird in Zukunft auf einen ethischen Katalog und seine nachprüfbare Umsetzung verzichten können. Immer häufiger wandern moralische Fragen aus verschämten Broschüren in die Vorstandsetage. *Moral positioning* wird integrierter Teil der Firmenstrategie. Immer häufiger setzen sich globale Konzerne mit NGOs und Aktivisten nicht nur auseinander, sondern ins gleiche Boot. Alle sind Greenpeace. Mit anderen Worten: *Ökonomie wird politisch.*

- Die Pharmaziefirma Pfitzer Inc. kündigte an, Tausende von Afrikanern kostenlos mit Diflucan zu versorgen – einem teuren Wirkstoff gegen Pilzinfektionen, der bei Aids-Patienten zum Einsatz kommt. Der Konflikt um billige Aids-Medikamente in Afrika wird zum moralischen Weltkonflikt, der die Pharmaunternehmen gewaltig unter Druck setzt.
- Monsanto wird die genetische Struktur der Reispflanze kostenlos veröffentlichen, an »die Menschheit« weitergeben. Der genetische

Code dieser Nutzpflanze, Grundnahrungsmittel für Milliarden Menschen, wird in Japan deponiert. (Monsanto hat viel, viel Geld für die Dechiffrierung ausgegeben!)

- Procter&Gamble hat 40 Patente an die Milwaukee School of Engeneering und 100 an die Western Michigan University kostenlos vergeben – alle kommerziellen Rechte liegen jetzt bei diesen Schulen (Trendletter vom 25.5.2000).

- Arme Gesellschaften sind schlechte Absatzmärkte – deshalb investiert McDonald's seit Jahren in die Jugendlichenbildung in der Dritten Welt.

- Stiftungen: In den deutschsprachigen Ländern hat sich die Anzahl der gemeinnützigen Stiftungen – auch durch ein neues Steuerrecht – in den letzten drei Jahren verdoppelt. Die so genannten *high-tech windfalls*, die Stiftungen und Spenden aus dem Börsenreichtum der letzten Jahre, führten 1998 in den USA zu 44.000 Neugründungen sozialer Projekte. Bill Gates gab 300 Millionen Dollar für Programme der Jugendlichen- und Minoritätenbildung, die Bill und Melinda Gates Foundation ist heute eine der größten weltweit operierenden Organisationen auf diesem Gebiet.

- Öffentliche Aktionen: Das Children's Promise, ein internationaler Appell an transnationale Firmen, sich bei den sozialen Problemen ihrer Gastländer zu engagieren, war ein großer Erfolg. In Großbritannien nahmen allein 1500 Unternehmen daran teil, teils mit Geldspenden, teils in Form von (bezahlter) freiwilliger Arbeit ihrer Angestellten in karitativem Einsatz für Kinder.

- Ethisches Consulting: Die großen Beratungsfirmen wie PriceWaterhouseCoopers haben Ethik als Consulting-Thema entdeckt und bieten Projekte in *corporate citizenship* oder *business ethics* an. Die Ethics Officer Organisation, die sich der Etablierung eines »Ethikbeauftragten« in jedem Unternehmen verschrieben hat, hat inzwischen in den USA 650 Mitglieder. Viele Unternehmen mit atlantischer Ausrichtung arbeiten heute an *ethic scorecards*, die sie in den kommenden Moral-Krisen besser aussehen lassen.

- Dot.help: Neue Internetorganisationen benutzen das Netz als Hebel für die Bekämpfung der weltweiten Armut. So gründete CISCO gemeinsam mit der UNO netaid.org. PlaNet.finance soll das Modell der Grameen-Bank weltweit durchsetzen: Günstige Kleinkredite für die Mikro-Entwicklung der Welt.

EIN NEUES MORALISCHES DENKEN

Vor uns steht ein komplettes *reengeneering* der gesellschaftlichen Aufgaben. Wo der Staat sich aus dem großen Reglement langsam zurückzieht, entstehen neue Mixturen von sozialem Engagement. Sie setzen auf Eigeninitiative, auf Selbsterfahrung und Erlebniskultur, aber eben auf die Kräfte des globalen Marktes und die Einsicht, dass blühende Märkte nur in blühenden Gesellschaften wachsen können. Dabei entsteht eine neue Energiebalance zwischen Individuum, Staat und Unternehmen: Public-Private-Partnership. Es entsteht aber auch ein neuer, ehrlicherer und rationalerer Konsens über das, was moralisch ist und was nur moraline Pose.

- Nicht Solidarität mit den Opfern im Sinne von Mitleid, sondern *handelnde Solidarität mit der Veränderung* bildet den Kern der neuen Moral. Fördern müssen wir jene Prozesse, bei denen Menschen sich von Opfern zu »Tätern« ihrer eigenen Existenz entwickeln. Das kann teuer sein. Es kann heißen, dass wir hohe Steuern zahlen müssen. Aber lohnt es sich nicht, hohe Steuern zu zahlen, wenn wir damit nicht nur einen Bürokratenstaat finanzieren, sondern effektive Bildungs- und Sozialsysteme?
- Nicht Umverteilung von Geld ist das zentrale taktische Element –

dies führt Menschen nur in demoralisierende Abhängigkeit. Wir müssen vielmehr lernen, wie die entscheidenden Rohstoffe der Wissensgesellschaft umverteilt werden können: Sozialkompetenz, Lernfähigkeit, Medienkompetenz.

Unterziehen wir also endlich unseren Betroffenheitsdiskurs einer Revision. Es ist nicht falsch, mit den Opfern des Wandels Mitgefühl zu zeigen. Aber es ist falsch, zu suggerieren, dass Wandel keine Veränderung der Menschen bedingen würde. Es ist falsch, Abhängigkeiten zu zementieren und so das Anprangern zum Entlastungsritual verkommen zu lassen. Der Lobbyismus moderner Gesellschaften führt dazu, dass jeder sich als Opfer generieren kann, nur um Subvention zu fördern – ein fataler Kreislauf. In jedem Startup, in dem sich Menschen zusammentun, um mit Ideen die Welt und die Märkte zu verändern, steckt mehr emanzipatorische und soziale Kraft als in allen Globalisierungsklagen zusammen. Die Mikro-Kredite der Grameen-Bank in Bangladesh, die diese an unternehmerische Frauen vergibt, sind unendlich viel wertvoller als alle Erhöhungen des Arbeitslosengeldes.

Damit zerbricht auch ein anderer Antagonismus, der tief aus der christlichen Tradition in uns eingebrannt wurde: der zwischen Egoismus und Altruismus. Wir müssen verstehen, dass nicht derjenige moralisch gut handelt, der nach biblischem Vorbild seinen Mantel mit dem Bettler teilt. Dann werden beide erfrieren. Die vernetzte Wissensgesellschaft gibt uns unendlich viel mehr Möglichkeiten dazu, mit Phantasie und Engagement für beide genügend Kleidung aufzutreiben. Und dabei noch Spaß zu haben und etwas zu lernen!

Entlarven wir also frohgemut die Betroffenheits-Besoffenheit, die das Moralische nur als Jeremiade inszenieren kann: als letzten Endes unproduktiven Schulddiskurs. Die Zeiten, in der man tatsächlich nur als melancholischer Drachentöter gegen den Moloch anreiten konnte, um Gutes zu tun, sind vorbei. Unserem guten alten Kommissar Wallander,

der so tragisch mit den dämonischen Kräften der Moderne kämpft, empfehlen wir bei allem Respekt eine ordentliche Veränderungskur. Mit dem Joggen anfangen, die Ernährung umstellen auf weniger kriegerische Moleküle, vielleicht eine tiefere Klärung mit dem anderen Geschlecht könnte die Dämonen verscheuchen. Auch ein Polizist kann eine aktive Rolle beim schwierigen Übergang in die Zukunft spielen. Die Welt ist grausam und voller Ungerechtigkeit, aber wie sagte der russische Philosoph Anatolij Kim so schön? *Rettung lauert überall.*

DAS GROSSE DOT.COM-MISSVERSTÄNDNIS

WARUM DER NEUE MARKT WIRKLICH ABSTÜRZTE

Die Netzwerkwirtschaft gründet auf Technologie, kann aber nur auf Beziehungen errichtet werden. Sie beginnt mit Chips und endet mit Vertrauen.

Kevin Kelly, The Net Economy

Spätherbst 2000. Halb Europa meldete wieder einmal die schlimmste Herbstüberschwemmung seit dem Mittelalter, und ich war auf dem Weg zu einem Vortrag im hintersten Winkel der nördlichen Tiefebene. Der Fahrer, der mich am Flughafen abholte, hatte keine Ahnung, wohin wir fuhren. Aber keine Bange. Er hatte Carin, das freundliche, blauleuchtende Navigationssystem.

Er gab also die Adresse in den Computer und ließ sich von der »Lady«, wie er das Gerät nannte, leiten. *Der-Straße-folgen, jetzt-links-abbiegen. Jetzt-bitte-lange-dem-Straßenverlauf-folgen.*

Nach zweieinhalb Stunden, etwa achtzig Kilometer vor dem Ziel beharrte Carin darauf, bei der nächsten Abfahrt von der Autobahn abzubiegen. Die Fahrt führte plötzlich durch Wohngebiete. 30-km-Zonen mit Pollern und Bodenschwellen. Dann kleine, schlammige Fahrwege entlang, die endlos durch Dörfer führten. Durch Moore mit Wildwechsel- und Krötenschildern ...

»Haben Sie keinen Straßenatlas?«, fragte ich etwas nervös. Ich wusste, dass eine Autobahn bis direkt in unseren Zielort führte. Ich sah das Pu-

blikum bereits mit den Füßen scharren, den Sparkassendirektor unge-
halten werden, die freundliche Dame von der Presseabteilung, mit der
ich noch heute Morgen beruhigend telefoniert hatte und über deren
Handynummer ich nicht verfügte, unglücklich auf die Uhr starren …
»Brauch ich nicht«, gab er zurück und schwitzte. Carin beharrte immer
noch darauf, an der nächsten Pfütze links, dann wieder gleich rechts in
eine Straße einzubiegen, die nur noch wenig von einem Waldweg zu
unterscheiden war. Es kam, wie es kommen musste. Ein umgestürzter
Baum, ein Ausweichmanöver – und wir hingen im Graben. Der Mann
fluchte und versuchte, mit Vollgas aus dem Graben herauszukommen,
bis sich der schwarze Mercedes bis zu den Felgen im Schlamm einge-
wühlt hatte.
Der Rest war ziemlich peinlich für mich, den Veranstalter und am
meisten für den Fahrer, der völlig die emotionale Kontrolle über sich
verlor …

INNERE NAVIGATION

Der Vorfall war ein gutes Beispiel dafür, was ich das »Entlernungs-
Prinzip der Technologie« nenne: Technologien machen wundersame
Dinge möglich, sie erweitern unseren Radius, beschleunigen unseren
Zugriff auf die Welt. Aber können auch zur Verkümmerung von komplexen menschlichen Fähigkeiten führen. Wenn wir sie falsch in unser
Leben einpassen, erweitern sie uns nicht, sondern verkrüppeln und de-
mütigen uns.
Orientierung gehört zu den genuin menschlichen Fähigkeiten, ohne die
wir nicht nur auf der Autobahn schlecht fahren. Mein Fahrer hätte mit
einem simplen Blick auf eine Übersichtskarte die Situation bereinigen
können. (Später stellte sich heraus, dass er sein Navigationssystem auf
die Einstellung »kürzester Weg« gestellt hatte. Wenn man nicht

»schnellster Weg« einstellt, leitet einen das Gerät trotz Autobahnverbindung über die Hinterhöfe, wenn es dabei einen Abstandsvorteil von auch nur einem Meter errechnet.)

Viele unserer Zivilisationsprobleme hängen mit diesem Verlust der inneren Navigation zusammen. Additive Lebensmittel mit womöglich sinnvollen Wirkungen lassen uns schlampig werden gegenüber den simplen Bedürfnissen des Körpers nach Sport und vollwertiger Kost. Die wunderbar konturierten Bürosessel verursachen Rückenschmerzen, weil wir uns nicht mehr bewegen und ausbalancieren. Natürlich können wir uns beim Joggen ein High-Tech-Gerät auf die Brust binden, das genau misst, ob unser Puls in Ordnung ist, wie viele Millimeter wir gelaufen sind und ob wir uns im richtigen Fettverbrennungsmodus befinden. Aber sagt uns das der Körper nicht selber – auf seine unvergleichlich präzise Art?

Und sollten wir nicht lieber lernen, ihm besser zuzuhören?

Technologie kann eine Gaukel-Kunst sein, die uns einen nur vermeintlichen Vorteil bringt. Sie ist ein Minus-Spiel, wenn sie von uns Aufmerksamkeiten fordert, die uns von substantiellen Dingen des Lebens abbringen. Sie ist ein Wolkenkuckucksheim, wenn wir mit ihr unsere Kreativität und Komplexität nicht erweitern, sondern sie an sie *delegieren*.

SIMPLE-TECH: DAS BEISPIEL HANDY

Einer der größten Boomtechnologien der letzten Jahre ist das Handy. Spricht man mit technologisch aufgeregten Menschen, dann ist die Erfolgsgeschichte des Handys vor allem auf einen sensationellen technologischen Wandel zurückzuführen: Miniaturisierung.

Aber das Handy verdankt seinen Siegeszug nicht der Tatsache, dass die Tasten inzwischen genetische Anpassungen der Fingerkuppen erfordern. Auch nicht den 700 Klingelzeichen von der Nationalhymne bis zum Schweinegrunzen, der intelligenten Spracheinwahlauswahlselbststeuerung und den bunten Lifestyle-Farben.

Der Schlüssel für den Handyboom heißt *Alltagsmobilität*. Sein Siegeszug fiel in eine Zeit des sozialen Aufbruchs. Das Handy ist ein Träger und Verstärker der Auf- und Umbrüche in den Lebensentwürfen. Menschen fuhren immer mehr Auto. Menschen verreisten mehr und lebten in erweiterten Familien- und Freundeskreisen. Die Gesellschaft stieg von einer eher sesshaften Lebensweise auf jenen *nomadic lifestyle* um, in dem wir heute alle leben.

Vor allem weibliche Kunden haben für den Durchbruch des Handys am Massenmarkt gesorgt. Berufstätig sein und dennoch einen Haushalt mit Kindern managen ist eine der komplexesten Aufgaben der Welt. Die Kinder zum Kindergarten oder Klavierunterricht bringen, einkaufen, Tante Frieda im Krankenhaus besuchen, die Theaterkarten besorgen. Ein vielfältiges Leben *trotzdem* führen, das Netz des Sozialen über größere Freiheiten hinweg aufrechterhalten. Besonders in Skandinaviens Doppelverdienerhaushalten wurde deshalb das Handy zum alles durchdringenden Alltagsgerät. In der Dritten Welt, in den entlegenen Gebieten des Planeten, in Afrika oder Asien, wird es zum Produktionsmittel, mit dem die ersten zaghaften Ansätze von Business entstehen. In Bangladesh hilft es den Kleinbauern und Handwerkern dabei, die *middlemen* zu übergehen – jene schmarotzerische Händlerkaste, die die Preise für Güter und Produkte drückt, weil das Land über keine Infrastruktur verfügt.

Sosehr es uns subjektiv auf die Nerven gehen mag: Verachten wir nicht das »Schatzi, ich bin jetzt gelandet«, das wir regelmäßig im Flughafenbus mithören müssen – es ist der Sound der neuen Bewegungsfreiheit.

Error-Error-Technologie

Und nun können sie also bald alles, unsere Handys. Aber wollen wir »alles«?

Wollen wir in Zukunft tatsächlich mit dem Handy Filme downloaden, Videokonferenzen veranstalten, Charts erstellen? Sollen unsere Häuser und Küchen tatsächlich intelligent werden? Beziehungsweise: Was heißt überhaupt »intelligent«, wenn wir diesen Begriff auf Technologie anwenden??

Hans Zippert schrieb Mitte 2000 in der (inzwischen eingestellten) Internetzeitschrift »GOLD«:

Nein, Küchenmaschinen sollten nicht denken können – was will ich mit einer Espressomaschine, die hinter meinem Rücken im Internet Quellwasser aus dem Apennin ordert, weil »der Idiot mich mit seinem verkalkten Leitungswasser umbringen will«. Ist es wirklich ein Fortschritt, dass sich die Dunstabzugshaube ständig vergoldete Filtereinsätze aus italienischen Designerwerkstätten liefern lässt? Eines Tages wird meine intelligente Küchentür sich weigern, den Weg freizugeben.

»Es tut mir Leid, aber der Herd und der Kühlschrank sind mit mir der Meinung, dass erst ab sieben Uhr wieder Lebensmittel ausgegeben werden können.«

»Ähh, ich habe nur die Zeitung auf dem Küchentisch liegen gelassen.«

»Für wie blöd hältst du mich? Geh zum Schuhschrank und lass dir von ihm eine neue Zeitung ausdrucken. Aber an deiner Stelle würde ich mich lieber wieder an den Schreibtisch setzen, bevor die Knoblauchpresse deine ganze Festplatte gelöscht hat ...«

Was »intelligent« ist, wurde in diesem Bild wörtlich übersetzt – Technologie bekommt menschliche Eigenschaften, und sie substituiert damit die menschliche Logik. Sie mischt sich ein, fordert, macht Einfaches kompliziert. Technik gerät in einen Konflikt mit dem Menschen. Oder sehen wir uns einmal an, wie uns die Kommunikationsbranche Anwendungsbeispiele von UMTS verkauft:

Eines Tages können Sie, wenn Sie mit dem Auto durch die Stadt fahren, das Na-
vigationssystem fragen, wo das nächste italienische Restaurant ist. Sie laden sich
die Speisekarte aus dem Internet, bestellen schon mal, und wenn Sie ankommen,
steht schon das Essen auf dem Tisch.[45]

Ein klassisches Beispiel einer sozialen Error-Technologie. Hier wird ein
Medium, das Handy, zu einer Funktionsweise hochgerüstet, mit der es
die Realität verändern soll. In diesem Fall soll es dazu dienen, Slowfood
in Fastfood zu verwandeln.

Geht es nur mir so? Ich mag italienische Restaurants, weil ich eine
Weile sitzen und die weißen Servietten bewundern kann, den *dottores*,
den Kellnern, beim Hantieren zusehen kann. Dampf ablassen. Warten.
Ein wenig gutes Weißbrot mit Oliven naschen. Und in der Karte mit
den vielen unbekannten Weinsorten blättern. *Langsam werden.*

Wenn ich schnell mal essen will, gehe ich mit meinen Kindern zu
McDonald's. Oder ich schiebe mir eine Tiefkühlpizza in den Ofen!

Natürlich wird es Menschen geben, die mit ihrem Handy Firmen managen, Videokonferenzen veranstalten oder Schweinebäuche am Welt-
markt handeln. Aber dies werden Minderheiten sein. Das Geniale hingegen ist immer einfach. SMS etwa – schnell, unmittelbar, billig. Und
dennoch äußerst praktisch für den Alltag eines 16-jährigen Schülers,
der seiner Freundin mitteilen möchte, wo er gerade steckt.

Gute Technologie ermöglicht es uns, monotone Dinge schneller zu erledigen, da-
mit komplexere Dinge möglich werden.

Wir sind allerdings stattdessen eher im Begriff, eine Error-Error-Tech-
nologie zu erzeugen: *Alltägliche Dinge werden durch technologische Aufrü-*
stung furchtbar kompliziert. Verzweifelt und hartnäckig werden Anwendungen für Technologien gesucht – anstatt umgekehrt. Was bleibt, ist
eine High-Tech-Welt, die irgendwann so *high* ist, dass wir nicht mehr
drankommen. Am Ende wird alles wunderbar vernetzt und automatisch sein, aber wir werden fünf Drittel unseres Tages damit zubringen,
alle Geräte zu warten, zu verstehen, zu ergänzen und zu reparieren.

Wie John Naisbitt in seinem neuen Buch[46] formuliert: »Wir verbringen den halben Tag damit, moderne Technologie in unser Leben zu ho-
len – und den Rest des Tages verbringen wir damit, vor ihr davonzu-
laufen!«

DOT-DOOMSDAY

Im Frühjahr 2000 begann der Untergang der High-Tech-Aktien mit
einem Unternehmen, das zum coolsten gehörte, was die Szene der E-
Commerce-Weltveränderer zu bieten hatte. Ein schwedisches Pop-
Glamour-Paar hatte Boo.com innerhalb von zwei Monaten zum Mega-
Web-Hype gemacht, mit allem, was dazugehörte: Privatjets, wilde
Partys, ein Loft in London, in dem die Kabelbäume und Lüftungs-
schächte dekorativ von der Decke hingen. Boo.com ging, das muss man
sagen, grandios und mit viel Stil unter, in einer einzigen Nacht. Und
eröffnete den langen Rückzugs-Treck des Geldes aus WWWolken-
kuckucksheim.
Was war geschehen? Die Gründer von Boo.com hatten zwei Ingredien-
zien gemischt, die zusammen den Sprengstoff der Neuen Ökonomie zu
bilden schienen: Technologie und Hipness. Die Website verkaufte
sportliche Kleidung der Kultmarken, mittels einer exorbitant hochge-
züchteten Website, auf der ein virtuelles Modell den Besucher durch
den Shopping-Act geleitete.
Aber das Desaster lag nicht an den langen Ladezeiten für die bunten
Bilder, die jeden Standardrechner überforderten. Es lag noch nicht einmal am falschen Produktangebot – eigentlich war es ja nur Mode, die
man in jeder Londoner Boutique zum selben Preis erstehen konnte. Es
lag an der Verwechslung eines *kulturellen Prinzips mit einer Verkaufslogik.*
Hipness-Produkte sind individuelle Signale, am Körper getragen. Mit
diesen Zeichen und ihren subtilen Botschaften grenzen sich junge Men-

schen ab. Sie schaffen ein Zeichensystem, in dem Status und Zugehörigkeiten, Affinitäten und Rebellionen sortiert werden. Diese Zeichen wechseln sehr schnell. Vor allem sind sie *codiert*, d.h. sie leben vom Ausschluss der anderen, die die subtile Sprache der Hipness nicht verstehen.

Der Versuch, diese Grammatik der Mode auf eine kommerzielle WWW-Seite zu bannen, ist wie das Aufspießen von Schmetterlingen. Boo.com enteignete die Herrscher der Hipness ihrer Kompetenz. Die Hipster verweigerten auf dieser Ebene die Kommunikation. Boo.com war für sie einfach nicht authentisch. Und das breite Publikum verstand das Projekt nicht oder fand es nicht sehr attraktiv, ein Produkt via Post zugestellt zu bekommen, bei dem der eigentliche Spaß eher der Kaufakt, das Anprobieren in den Hip-Vierteln von London, Paris oder Stockholm ist.

Das alles zeigt, wie wichtig das Verstehen sozialer Psychologie gerade für die Anwendung von hocheffektiver Kommunikationstechnologie ist. Warum funktioniert eine Website wie Geizkragen.de, auf der es um bizarre Tipps zum Sparen geht? Weil das Web eine ideale Plattform für eine Gemeinde von Sonderlingen ist, die ungeheure Lust am Schnäppchenjagen und radikalen Geldsparen empfindet. Warum tun sich einsichtige Websites wie Priceline.com oder Letsbuyit.com, auf denen Konsumenten Preise für Waren bieten, die sie gerne haben wollen, so schwer? Weil der Kaufakt etwas mit Lust und Ungeduld zu tun hat. Weil Menschen nur ungern Ungewissheit und Warten ertragen, wenn sie tatsächlich einen Gegenstand begehren!

Hinter diesen Beispielen verbirgt sich das erste Dot.com-Missverständnis. Allzu oft wurde das Web als Verkaufsmaschine uminterpretiert, mit der man durch die elektronische Hintertür in störrische Zielgruppen einbrechen konnte. Doch das Web lässt sich nicht betrügen. Es ist und bleibt ein soziales Medium der Kommunikation, der Gegenseitigkeit, des Austauschs. Im Netz kann man mit seinen Kunden kommunizieren, etwas über sie lernen und vor allem *von ihnen lernen*. Das Web ist ein mächtiges Tool der Eigenorganisation von Gruppen, Fankreisen, Stämmen und Peergroups. Man kann vielleicht *mit* ihm Geld verdienen – mit seiner Hilfe. Aber nicht *in* ihm. Jeder Versuch, es als linearen Einwegkanal zu benutzen, geht am Ende schief.

DAS PRODUKTIVITÄTS-PARADOX

Woran liegt es, dass die glorreiche Technologie unserer Tage, der Computer, die Produktivität bislang eher schleppend zu verbessern scheint? Zu diesem Ergebnis kam der Ökonom und Nobelpreisträger Robert Solow schon im Jahre 1987, in den Zeiten des *mainframe*, des Großcomputers. Er formulierte das Computer-Paradox. »Wir sehen Computer überall – außer in den Produktivitätswerten.«

In der Tat stieg die industrielle Produktivität zwischen 1990 und 1998 nur unwesentlich an – der Zugewinn pro Jahr pendelte zwischen ein und zwei Prozent. 1995 stieg dieser Wert dann auf über zwei Prozent, doch auch dieser Wert blieb im Vergleich zu den Produktivitätsschüben, die in den zehner oder fünfziger Jahren des 20. Jahrhunderts durch die Elektrizität und den Verbrennungsmotor stattgefunden hatten, eher mager.[47] Lediglich in der Computerbranche selbst schien der Turbo-Effekt, auf dem die Börsenanalysten ihre unglaublichen Boomprognosen des Jahres 1999 errichteten, zu greifen.

Ein Teil des Grundes für das Produktivitäts-Paradox liegt im Wesen des Rohstoffs Information – und dem Unterschied zwischen Information und Wissen. Information ist ein äußerst flüchtiger Stoff. Man kann gewaltige Mengen von Informationen anhäufen – und hat am Ende doch nur einen Haufen Einsen und Nullen, der in den digitalen Archiven langsam seinen Sinn verdampft. Information wird nur durch einen Destillationsprozess sinnvoll, an dem vor allem der menschliche Geist beteilgt ist. Erst das Kontexting des Menschen macht aus Information Sinn. Wissen ist eng an Menschen, Gruppen, Interaktionen gebunden.

- Zunächst, am Anfang der informellen Komplexitätskette, stehen die *Daten*. Daten sind unbehauene Rohstoffe des Kommunikativen, der Sand des Informationszeitalters, ein Abfallprodukt der Realität. Sie sind allgegenwärtig, ein großes, graues Rauschen, das sich in der Tat ständig vermehrt.
- Auf dem Wege des Sammelns werden aus Daten *Informationen*. Informationen sind die ersten, noch relativ primitiven Träger von Sinn und Bedeutung. Für Informationen selbst – das ist eine der bitteren Erfahrungen, die die Dot.com-Ära mit sich brachte – investieren wir kaum wirklich Geld.
- Durch Bewertung, und zwar durch persönliche und menschliche Bewertung, wird aus Information *Wissen*. Wissen ist Information, die verbunden ist durch einen Anwendungsfaden. Wissen ist akkumulativ, d. h. man kann es ergänzen, ausbauen. Wissen ist – im Prinzip – anwendbar. Aber auch ihm fehlen noch einige Aspekte der »Kostbarkeit«.
- Die nächsthöhere Kategorie wird durch den Begriff des *Verstehens* definiert. Verstehen macht aus Wissen einen kognitiven Akt mit einem weiteren Horizont. Man kann Detailwissen anhäufen, aber nur wer die Dinge in ihren Verbindungen zu anderen Wissensgebieten versteht, kann die Übersicht über sie erlangen. Er entwickelt eine Architektur, einen Rohbau für sein Handeln, in dem Wissen in die richtigen Positionen gerät.
- Zu wirklich effektivem und nachhaltigem Handeln benötigen wir jedoch noch den Begriff der *Weisheit*. Weisheit ist das assimilierte, über einen langen Zeitraum gefilterte Verstehen, das »Urwissen«, das universell einsetzbar ist. Jeder von uns verfügt über kleinere oder größere Mengen dieses Amalgams, ohne das unsere Welt in lauter

kurzfristige Sequenzen zerfallen würde. Während das Verstehen an eine bestimmte Zeitebene gebunden ist, ergänzt Weisheit eine weitere, historische Dimension, in der zum Verstehen die Zukunftsdimension hinzugefügt wird. Erst wer Weisheit hat, kann über weitreichende Konsequenzen einer Technologie oder Ökonomie befinden.

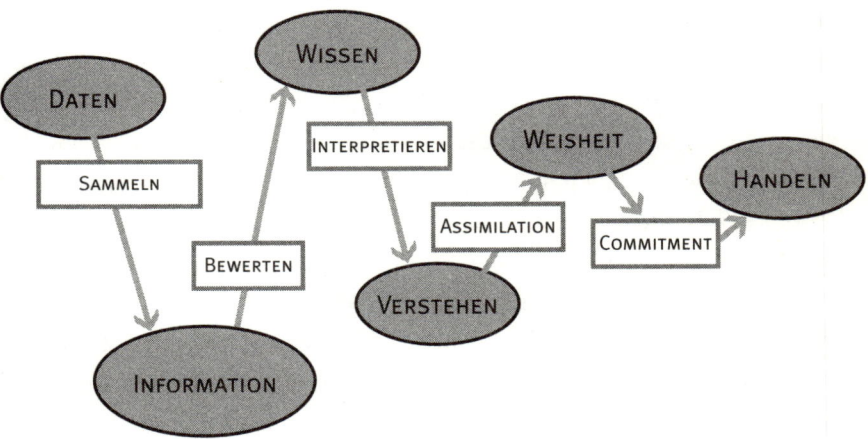

Abb. 4: Die Komplexitätskette des Wissens

Was folgt aus dieser Komplexitätskette? Sie repräsentiert gleichzeitig eine Matrix des ökonomischen Systems des Wissens. Sie erklärt, warum wir für Daten, Informationen, Fakten etc. nur selten etwas zahlen wollen. Eher im Gegenteil: Wir zahlen zunehmend dafür, uns Informationen und Daten *vom Leib zu halten*. Die wirklich begehrte Ware ist immer das Wissen. In Wissen werden wir jedoch nur investieren, wenn dies eine Investition in eine bestimmte, konkrete Verbesserung darstellt. Wissen ist nur dann wertvoll, wenn es Verstehens- und Weisheitsdimensionen beinhaltet. Deshalb ist das Wissen immer eine subjektive, momentane, individuelle Dienstleistung. *Sie ist nicht verallgemeinerbar – und man kann sie nicht wirklich in Computern abbilden.*

Hier liegt der Grund, warum das Internet, diese ubiquitäre Informationsmaschine, eine riesige Umsonst-Maschine ist und bleibt. Und hier liegt auch der Grund für das zweite Dot.com-Missverständnis.

Internettechnologie wurde (und wird) in vielen Unternehmen mehr oder minder unverblümt als informelles Rationalisierungsinstrument eingesetzt. Verkürzt gesagt: Man setzte Server ein, um Menschen zu sparen, mit der Erwartung, die Produktivität zu erhöhen. Man baute gewaltige Intranets und Expertensysteme, aber man kümmerte sich wenig darum, wie die Mitarbeiter dies alles verarbeiten sollten. Der Erfolg waren regelrechte Wissensstreiks: Die Mitarbeiter blieben auf ihrem Wissen sitzen und spielten Moorhuhn mit dem Server. Die Firma erhöhte ihren Informationspegel gigantisch – und verlor dabei ihre Wissenskompetenz.

Server sind zwar, anders als Menschen, (meistens) rund um die Uhr verfügbar, sie verfügen jedoch nicht über jene komplexen Fähigkeiten, mit denen Menschen aus Informationen Sinn destillieren können. Viele Wissenstransfers sind zudem so komplex, dass wir für ihre Vermittlung die menschlichen Körper, die Stimme, die Hände benötigen. Sprich: den persönlichen Kontakt. One-to-One-Kommunikation wird durch das Netz nicht überflüssig, sondern im Gegenteil aufgewertet. Weil die Allverfügbarkeit von Information den Informationsstress erhöht, profitieren die Agenten des Verstehens, der Weisheit und des Handelns mit steigenden Honoraren. Je mehr Computereinsatz, desto mehr Berater, Coaches und sonstige Honorar-Riesen aus Fleisch und Blut.

Man kann dies schon damit belegen, wie Wissen – im Unterschied zur Information – sich in der sozialen Wirklichkeit ausbreitet: fast immer als *Erfahrungswissen*. Untersuchungen belegen: 80 Prozent des Umgangs mit Software und Hardware werden allein durch Mund-zu-Mund-Transfer ermöglicht. Kollegen zeigen Kollegen, wie es geht! Ist es nicht verrückt? Unsere Online-High-Tech-Welt funktioniert tief in ihrem Innersten wie die gute, alte Welt der Handwerker. Ohne die mündlichen Transfers würden wir alle im Studium der Handbücher und In-struktionen wahnsinnig oder alt werden, und kein Unternehmen würde mehr funktionieren! Langsame Erfahrungen – nicht schnelle Informa-tionen – »empowern« die Abläufe in modernen Unternehmen.

Das Beispiel lässt sich auf andere Felder übertragen: Infobroking kann kein Ersatz für eine anständige Redaktionsarbeit sein – Informationen werden irgendwann im sinnlosen weißen Rauschen der digitalen Welt bedeutungslos, und damit verlieren sie auch ihren Marktwert. Das fir-meneigene Intranet ist immer nur ein Abbild der Teamfähigkeit eines Unternehmens – besteht die Firma aus autistischen Einzelgängern ohne gemeinsame Idee, wird es schnell zu einer Datenmüllgrube. Es ist – mehr denn je in unserem hochtechnischen Zeitalter! – die soziale Ar-chitektur, die über den Erfolg entscheidet. Schnelle Informationssyste-me und neue Kooperationsfähigkeiten – erst in diesem Crossover ent-stehen jene vibrierenden Unternehmen des neuen Zeitalters, von denen wir alle träumen.

SPEED KILLS

Einer der kostspieligsten Burn-outs der Dot.com-Ära fand niemals den Weg an die europäische Öffentlichkeit. Und war doch gleichzeitig einer der brillantesten (weil simpelsten) Ideen der New Economy.

WebHouseclub.com basierte auf der guten, alten Idee des Rabattclubs, wie er in Europa eine ganze Ära in den Pionierzeiten des Konsums präg-te. Das Unternehmen, im Herbst 1999 in den USA ins Leben gerufen vom Chef von Priceline.com, Jay Walker, hatte eine Grundidee des kol-lektiven Kooperatismus: Millionen von Konsumenten sollten sich zu ei-nem virtuellen Club zusammenschließen und nicht nur teure Kultgüter, sondern Produkte des täglichen Bedarfs mit der schieren Kaufkraft der Masse zu gewaltigen Rabatten via Internet einkaufen können.

Ein präziser, groß dimensionierter Plan, der sowohl auf einer technologischen wie auf einer sozialen Architektur basierte, und die die B2B-Welt auf die B2C-Welt übertragen wollte. Die schiere Masse der Konsumenten, man rechnete mit mehreren Millionen, würde die Haushaltungskosten gigantisch drücken – bei den meisten Produkten konnte man eine Ersparnis von mindestens 50 Prozent gegenüber den normalen Handelspreisen erzielen! Um die Produkte an die Kunden zu bringen, fand man 7000 Supermärkte, die als Auslieferungszentren zur Verfügung stehen sollten. Der Kunde würde also übers Netz bestellen und mittels einer Chipkarte bei einem dieser Supermärkte seine Waren abholen.

Mega-Aldi plus Conveniance, eine Art Verbraucherverein, fast wie in guten alten Gewerkschaftszeiten – aber dazu die ganze Power des Netzes. Konnte das schief gehen? Es konnte. Denn das Unternehmen geriet unter Zeitdruck. Zeit und Geschwindigkeit – diese zentralen Schubkräfte des Netzes – kehrten sich schließlich gegen die Idee selbst und zerstörten sie.

Im November 1999 startete die Site, unterstützt von einem gigantischen Werbeaufwand in Fernsehen und Printmedien. Innerhalb von wenigen Monaten generierte das Unternehmen sieben Millionen Transaktionen – eine schnellere Wachstumsrate als Amazon.com. Aber der Preis war hoch: Eine Million Dollar Risikokapital *am Tag* verbrannte das Unternehmen. Da die Rechnung auf die große Zahl der beteiligten Konsumenten setzte – nur dann lohnte sich der Rabatt für den Verbraucher –, galt es, so schnell wie irgend möglich Mitglieder zu gewinnen.

Im Geschwindigkeitszwang wurden strategische und technische Fehler gemacht. Die Technik hielt nicht mit dem Wachstum Schritt – die Server stürzten wochenlang ab, Techniker waren in der Blütephase der Dot.coms kaum zu bekommen. Call Center waren zu gering besetzt und erzeugten tiefe Frustrationen beim Kunden. Web-Architekturen wurden in der Eile dreifach und doppelt entwickelt. Im Management

herrschte Chaos durch Zentrierung auf den »Edison der Neuen Ökonomie«, Jay Walker. Aber war das die wahre Ursache für das Scheitern?
Im Herbst 2000, ungefähr zum ersten Geburtstag, wurde das Unternehmen über Nacht eingestellt. Es hatte die phantastische Summe von 360 Millionen Dollar in einem Jahr verbrannt, und es blieb nichts außer ein paar leerer Büroräume. Natürlich war ein Teil des Problems der Absturz der Internetaktien, der das Kapital verknappte. Natürlich hatte das Projekt auch einige unternehmerisch-strategische Schwächen (die Auslieferungskette war nicht reibungslos genug). Aber die wichtigste Botschaft dieses gigantischen Experiments ist gleichzeitig das dritte Dot.com-Missverständnis:

Man kann Kundenvertrauen nicht aus dem Boden stampfen. Gute Ideen können von zu großer Geschwindigkeit getötet werden.

Überall dann, wenn Vertrauen, Kundenbindung, soziale Kategorien eine Rolle spielen, existieren Geschwindigkeitsbeschränkungen. Historische Ideen und große Geschäfte brauchen bisweilen einfach Zeit. Vertrauen, das eigentliche Gold der Wissensökonomie, ist und bleibt eine zarte Pflanze.[48]

HIGH-TOUCH VERSUS HIGH-TECH

Im Jahre 2005 stellten wir endlich Anita ein. Anita vom LCI, dem LifeCoping Institute.
Anita war die Rettung – die Rettung für uns, unsere Ehe, unsere ganze Familie. Heute noch denken wir mit tiefer Dankbarkeit an sie zurück. Erstens erlöste sie uns von dem ganzen Quatsch mit den »virtuellen Assistenten«, die wir uns für viel Geld downgeloadet hatten und die doch einfach nur komplizierte Software waren und noch mehr Tastaturfummelei ins Haus brachten. Zweitens überwanden wir den Schock des Preises ziemlich schnell.

Wir zahlten exakt 33,33333 Prozent unseres Paar-Einkommens an Anita und die LCI. Ein Drittel! Das war der Grund, warum wir so lange zögerten, auch nachdem LCI-Dienstleistungen alle Großstädte überschwemmten und die Börsenkurse dieser Unternehmen einen Boom erzeugten, gegen den der Dot.com-Boom vor einem halben Jahrzehnt ein müdes Lüftchen gewesen war.

Wofür zahlt man ein Drittel seines Gesamteinkommens – nach Steuern (wobei wir einige Möglichkeiten fanden, Anita zumindest teilweise abzusetzen)?

Anita spricht einen herrlichen polnischen Akzent, und mit ihren drei Studienrichtungen (Philosophie, Systemtheorie, Englisch) ist es auch ein Vergnügen, mit ihr zu sprechen. Sie ist rund um die Uhr erreichbar. Und sie macht unser Leben möglich! Es gibt eigentlich kaum etwas, was sie nicht zustande bringt.

Sie besorgt unsere Weihnachtsgeschenke. Sie erledigt für uns Behördenkram und füllt Formulare aus. Sie vermittelt uns den KidsCar-Service, sodass O. nun nicht mehr jeden Tag wie ein Taxifahrer zwei Stunden im Auto verbringen muss, um die Kids zu Freunden, zur Schule und wieder zurückzufahren. Sie vermittelt und jongliert zwischen den verschiedenen Institutionen unseres Lebens – Finanzamt, Steuerberater, Verkehrsbehörde, Führerscheinamt, Energiebehörde, Verbraucheramt und noch 25 verschiedene andere Ämter. Sie kümmert sich um die Reparaturen der Haushaltsgeräte, bestellt, kontrolliert und entlässt die Handwerker und den Gärtner. Sie sorgt dafür, dass unsere Haus-Server und Online-Verbindungen (fast) immer funktionieren. Sie kümmert sich darum, dass die neuen Kleider ins Haus kommen, die wir in L. letzte Woche gekauft haben. Sie bestellt den Ernährungsberater und kontrolliert mein Fitnessprogramm, sie koordiniert die Coachings und Sportevents, sie sorgt dafür, dass der verdammte selbstbestellende Kühlschrank nicht wieder zu viele Vorräte online bestellt. Dank ihr brennen alle Lampen im Haus, ist der Energiestatus auf dem neuesten Stand. Wir können dank ihr wieder umziehen, ohne in der Klapsmühle zu landen, unsere Steuerpflichten erfüllen und Eltern und Kollegen sein.

Lediglich den Zyklus von O. haben wir ihr verschwiegen.

Kurz: Sie schmeißt unser Leben.

Sie organisiert alle unsere Reisen, durchschnittlich sieben im Jahr (wir haben gar nicht gemerkt, dass es so viele geworden sind – aber alle, die wir kennen, reisen mindestens so viel). Das heißt: Während wir früher einen Tag brauchten, um alles zusammenzupacken, die Flüge, Taxis, Hotels und so fort zu buchen, die Kinder fertig zu machen und so fort, müssen wir uns nur noch ins Taxi setzen. Und wenn wir zurückkommen, lassen wir alles nur fallen. Allein die dadurch gewonnenen vollen 14 Tage Arbeitstage im Jahr steigern unser Einkommen ordentlich.

Natürlich macht sie das alles nicht allein. Die Handarbeiten lässt sie von den Basic Workern erledigen, die sie auf dem Markt zukauft. Deren Preis ist ja inklusive. Und natürlich lässt sie sich auf unseren Screens von einem Avatar vertreten, manchmal auch durch eine physische Vertretung, wenn sie krank ist oder Urlaub hat. Insgesamt arbeitet sie nur einen Tag real für uns, den Rest virtuell, und da sie mindestens noch für drei andere Working Couples arbeitet, verdient LCI sicher gut an ihr.

Zum ersten Mal seit fünf Jahren können wir wieder leben und atmen!

Für die übergroße Mehrheit von uns allen hat der Spaß an komplizierter Technik seine Grenzen. Die übergroße Mehrheit von uns – bei den Freaks und Nerds ist das natürlich anders – fühlt sich in digitalen Welten nicht unbedingt heimisch. Was wir wollen, ist ein direkter, praktischer, zeitsparender Draht zu denen, die uns etwas verkaufen wollen. Einen »Draht«, auf den wir uns verlassen können.

- Mitte 2000 tauchten plötzlich so genannte *call-back-buttons* auf einigen Webseiten des E-Commerce auf. Wenn man einen drückt, wird man in der nächsten Stunde von einem *realen* Mitarbeiter des Unternehmens zurückgerufen. Der Effekt dieser Human-Touch-Maßnahme war überwältigend. Bei Sites wie Hometownstores.com oder Camera-World.com führte die Einführung zu gigantischen Absatzzuwächsen: Früher kauften drei Prozent der Web-Besucher, jetzt plötzlich bis zu 25 Prozent – auch ohne den Knopf wirklich benutzt zu haben! Der

Versandhandelsgigant Lands End hat mit einem *call-back-button* auf seiner Website, der automatisch ein Gespräch mit einem Kundenberater einleitet, gigantische Erfolge erzielt und seine Kundendichte enorm erhöht. Das Beispiel zeigt, wie sehr sich Menschen in rein virtuellen Umgebungen immer noch unwohl und unsicher fühlen.

Abb. 5: Der *call-back-button* als Ikone der High-Touch-Welt

- In den Hotels der amerikanischen Promus-Gruppe hat jeder Gast, der irgendeine Beschwerde hat, das Recht, seine Rechnung nicht zu bezahlen – ein echter und unverfälschter High-Touch-Kontrakt. Öffnet das nicht dem Betrug Tür und Tor? Im Computersystem der Kette werden neben den persönlichen Vorlieben der Gäste – Blumen, Früchtekorb, Lieblingszeitungen, präferierte Zimmer – auch diejenigen registriert, die sich schamlos »durchschlafen«. Regelmäßig wird dieser kleinen Gruppe – die Missbrauchsquote liegt unter einem Prozent – ein höflicher Brief geschrieben, mit dem ein freundliches Hausverbot erteilt wird – *Wir bedauern, Ihre Erwartungen nicht erfüllen zu können.*
- Will man die Grenzen der High-Tech-Welt ausloten, dann muss man nur *ex post* den Versuch betrachten, das Bankwesen komplett ins Internet zu verlegen. Was läge näher, als die gesamten Overheadkosten einer Bank einzusparen und das Geld zu schönen Zinsen in den virtuellen Raum zu verfrachten? Denn schließlich ist Geld etwas völ-

lig Immaterielles und damit wie geschaffen für den virtuellen Raum. Doch kaum eine der reinen E-Banken, die seit 1999 wie Pilze aus dem Boden sprossen, hat sich als erfolgreich erwiesen.[49] Das liegt zum Teil daran, dass die »alten« Banken irgendwann den Weg ins Netz fanden und dort die Anfängerfehler der Dot.coms vermieden. Es liegt aber zum größten Teil an der wahren Gestalt des Geldes: Geld ist ein Lebenssaft, mit dem wir eine Unmenge menschlicher Kontexte verbinden. Unsere Zukunftsplanungen, unsere Wünsche, Ängste, Hoffnungen hängen am roten Faden des Geldes. Aus demselben Grund, aus dem alle Videokonferenz-Studios, die die globalen Player in den letzten Jahren für Millionen von Dollar in ihre Firmenzentralen bauten, leer stehen, beharren wir auf der verfluchten alten *real world* mit ihrem Händedrücken und feinen Schweißgerüchen beim Vertragsabschluss über eine Lebensversicherung, die unser ganzes restliches Leben läuft. Die nächste Stufe der Geldkultur besteht weniger in ihrer Elektronisierung, denn im Aufstieg des Bankberaters zum Lifecoach, zum Lebensberater, Trainer und Mitglied derselben Peergroup.

Der Zusammenbruch der reinen Dot.coms erzählt auch eine Geschichte über den Zusammenhang zwischen informellen Welten und der realen, analogen Welt. Wenn wir diese Botschaft richtig verstehen wollen, müssen wir intensiver über den Zusammenhang von Technologie und Humansphäre nachdenken – über das Verhältnis von High-Tech und High-Touch. »Telemedizin« ist ein Alptraum, wenn wir sie auf Fernoperationen und puren Datentransfer beschränken – sie würde dazu führen, den Menschen noch mehr als Bausteinkasten zu sehen, den man nach Belieben in seine Einzelteile zerlegen kann. Aber sie kann sehr wohl einer ganzheitlichen Medizin und einer gewaltigen Qualitätsverbesserung dienen, wenn Hausärzte das ganze Material des Patienten übersehen, wenn Vorsorgeansätze und ganzheitliche Sichtweisen durch bessere Information empowert werden, wenn Spezialisten sich zusammentun können – zum Wohle des Patienten.

Vielleicht erzeugt der Triumph der Informationstechnologie am Ende nichts anderes als ein produktives Paradox: Je mehr E-Commerce, desto mehr werden die Inhaber profaner, analoger Ladengeschäfte dazu angehalten, den Erlebniseinkauf und die Dienstleistungsqualität zu steigern. Je schneller wir auf Daten über unsere Kunden zugreifen können, desto mehr Zeit haben wir, sie anständig und emotional zu bedienen: High-Tech führt zu High-Touch.

Das ist vierte Dot.com-Missverständnis: Man kann mit Infotech keinen menschlichen Kontakt ersetzen. Man kann ihn besser vorbereiten, ihn leichter verwalten, Hilfestellungen und manche Annehmlichkeiten hinzufügen. Man kann Daten rationalisieren. Aber Menschen? Im Kern bleibt jeder Kaufakt, jede Dienstleistung immer ein emotionaler Akt. High-Touch eben. Und dieser Akt lässt sich nicht von Websites, und seien sie noch so schnell und effektiv, *billig machen*.

ABSCHIED VOM NETZ?

Aus dem WWWunderland, dem Land der grenzenlosen Möglichkeiten, erreichen uns in letzter Zeit ungewohnte Meldungen. In der ersten Hälfte des Jahres 2000 haben 29 Millionen Amerikaner damit aufgehört, das Internet zu benutzen – so eine Studie von Cyberdialogue. Mehr als 60 Prozent sagten, dass sie aufgehört haben, mit der Technologie Schritt zu halten (Harris Online Consumer Survey), ein Drittel bestätigte, unter »digitalem Stress« zu leiden, 40 Prozent glaubten, dass die heutige Technologie »zu kompliziert« ist. Forrester Reasearch fand heraus, dass 47 Prozent von 90.000 befragten Konsumenten sich als »Technik-Pessimisten« bezeichnen.[50] Ein großes Forschungsprojekt der Universität Oxford untersuchte im Jahr 2000 das Netz-Verhalten der jungen Generation und stellte fest: Viele Jugendliche in den OECD-Ländern surfen ein-, zwei-, dreimal – und lassen es dann wieder bleiben! »Sie kamen, sie surften und gingen zum Strand.« – »Andere Medien, Fernsehen, Handy, Computerspiele, sind meistens interessanter.« – so einer der Studienleiter. (Umgekehrt gehen heute immer mehr Ältere ins Netz – weil sie die einzigen sind, die für die zeitfressende Welt des Surfens Zeit mitbringen.)

Sehen wir den Tatsachen ins Auge: Das Internet, diese Wüste der millionenfach verschachtelten Links, wird kein Massenmedium. Das Beispiel Napster hat gezeigt, dass es sogar funktionierende Märkte – zum Beispiel den für Musik – zerstören kann. Das Netz wird sich in viele kleinere und praktische Anwendungen zerspalten, Teil-Netze bilden und Sub-Netze wachsen lassen. Es wird schließlich in unseren Wänden, Handys und Computern verschwinden und sich gleichzeitig als allgegenwärtig erweisen.

Man hat das Web als Massenmedium missverstanden und damit seinen eigentlichen Charakter als *Vernetzungstool* ignoriert. Man imaginierte es als lineares Verkaufsmedium, mit dessen gewaltigen Hebelwirkungen man eins zu eins Umsatz generieren könnte – von oben nach unten, in der altgewohnten autoritären Logik industrieller Märkte. Die Tragik vieler Dot.com-Firmen bestand darin, dass sie trotz aller Hipness konventionell ökonomisch dachten. Sie wollten eine neue Branche, einen neuen Giga-Sektor erfinden. Sie waren Opfer und Täter einer Größen- und Allmachtsphantasie, die im Grunde industriellem Denken entsprang.

»Das Internet«, sagt Jeff Bezos von Amazon.com zu Recht, »ist keine ›Industrie‹. Es ist vielmehr eine schmale, horizontale Kompetenzebene, die sich über alle Industriebereiche erstreckt.«

Ausgerechnet Jeff Bezos, der mit Amazon.com die eleganteste, mächtigste, sinnvollste Web-Architektur der Welt erfand. Der uns täglich zeigt, was das Web für den Kunden leisten kann. Und der heute in einem gigantischen logistischen Gefängnis sitzt, dessen Mauern verdammt an die tiefsten Verliese der Old Economy erinnert.

Der fünfte Dot.com-Irrtum schließlich war so banal wie menschlich. Er hörte auf Namen wie »Eitelkeit«, »Gier«, »Dummheit«, »Hysterie«. Aber schließlich müssen auch Kinder, um mit Feuer umgehen zu können, sich mindestens einmal verbrennen!

VON DER NEW ECONOMY ZUR NEXT ECONOMY

Die ersten Serienautos wurden im Jahre 1906 aus den amerikanischen Garagen gerollt. Zwei Jahre später, im Jahre 1908, überschwemmten 240 Firmen den jungen Markt. Die Medien überschlugen sich: Die größte technische Revolution der Geschichte steht bevor! Jedermann bekommt ein Auto! Und die Aktienkurse stiegen in schwindelnde Höhen. Von diesen 240 Firmen blieben im Jahr 1910 zwei Firmen übrig: General Motors und Ford. Es dauerte noch viele Jahre, bis durch die Erfindung und Verfeinerung des Fließbandes Autos für einfache Arbeiter erschwinglich waren.

1880 wurde der Elektromotor erfunden. Es dauerte 40 Jahre, bis in die Zwanziger des 20. Jahrhunderts, bis die Elektrizität messbar die Produktivität der Unternehmen beförderte. Der Motor musste standardisiert werden, man musste Elektrizität in die Architekturen von Fabriken integrieren, man musste elektrische Netze entwickeln und handhaben lernen. Unternehmen, die von Dampfkraft auf Elektrizität umstiegen, mussten alles verändern: ihre Rohstoffwege, ihre Maschinen, ihre Arbeitsteilung, ihre Lohnsysteme. Ihre betriebliche Organisation. Ihr Menschenbild.

Erst dann wurde ein wirklich neuer Schuh daraus.

Der Konflikt zwischen Old Economy und New Economy ist, kaum zehn Jahre nach seinem Beginn, zu Ende. Die schnellsten und besten E-

Tailer hören heute auf den Namen Quelle oder Neckermann. Alte Riesen wie der Gas- und Strom-Konzern RWE entdecken kundennahe Dienstleistungen im Netz »rund um das versorgte Haus«, mit Serviceleistungen für Umzüge und Ökologie, und er formuliert im Geschäftsbericht: »Wir verfolgen einen ganzheitlichen Ansatz, bei dem der Kunde im Mittelpunkt steht.« Alte Chemiekonzerne wie Hoechst oder Bayer befinden sich plötzlich inmitten der dynamischen und extrem sensiblen Life-Science-Märkte und müssen sich den Pirouetten der öffentlichen Moral stellen. Die Deutsche Bank entwickelt eine Geldplattform im Netz – und wirbt dafür gleich einem provokanten Startup mit kopulierenden Viechern. Mittelständler, die 20, 30 Jahre komfortabel in ihrer Marktnische überlebten, brechen, inspiriert durch das Web, in einen globalen Markt voller Risiken und Chancen auf.

Umgekehrt gehen die überlebenden E-Player auf Schatzsuche in die reale Welt. Wer in der kühlen Distanz des Netzes groß geworden ist, sehnt sich nach Kunden aus Fleisch und Blut – und schult plötzlich das, was er vor einem Jahr noch zutiefst verachtete: einen *Außendienst*! Der reine Online-Versteigerer E-Bay erwirbt das traditionelle Auktionshaus Butterfield und Butterfield – ein Unternehmen, in dem seit 150 Jahren mit dem guten alten Holzhammer Antikes versteigert wird. Bluebrand.com aus Berlin etwa, ein Möbelanbieter für edle Designermarken, kombiniert Lifestyle-Shops mit Website und B2B-Konzepten. Es ist nur eine Frage der Zeit, bis Amazon seine ersten Läden eröffnet: *Amazon.real*!

ZEHN VERSCHÄRFTE LEHREN AUS DEM DOT.COM-ZUSAMMENBRUCH

1. Jeder ist im Innovationsspiel. JEDER!

In der New Economy konnte man sich auf den Unterschied zwischen

»alt« und »neu« herausreden. Die Agilen, Schnellen, das waren »die da draußen«, die Whizz-Kids, die Verrückten! In der Next Economy ist die Digitalisierung der Unternehmen nicht mehr eine Option, sondern die Grundvoraussetzung, um *überhaupt* am Spiel teilzunehmen. In der nächsten Runde wird JEDES Unternehmen zum Dot.com. Schumpeters kreative Zerstörung hebelt jedes alte Firmenkonglomerat, und sei es noch so riesig und global, auseinander und dekonstruiert es in effektive, in schnellen Märkten überlebensfähige Netzwerke.

2. Schnelles Lernen ist wichtiger als schnelles Wachstum

Die Klickrate ist ein unzureichender Indikator für die Bemessung von Wachstum. Und die Formel, nach der »die Kleinen nun die Großen fressen«, war letztlich nur eine primitive Umkehr der Old-Economy-Gesetze. In der nächsten Runde kommt es auf die Größe von Unternehmen nicht wirklich an, sondern auf ihre Lernfähigkeit. Unternehmen, die in der Lage sind, tatsächlich Innovationsgeschwindigkeit zu erzeugen, die die Märkte von morgen wittern und das Unternehmen in die Zukunft ausrichten, gewinnen. Unternehmen, die nur dicke Server haben, werden sich schon an den Stromkosten ruinieren.

3. Der Erste muss nicht der Gewinner sein

Die Schwäche der New Economy war ihr Hang, auch zweitklassige Ideen mit der Gloriole des Revolutionären zu versehen – und zu glauben, dass der Erste zwangsläufig den Markt abräumt. 70 Prozent der Ideen, auf denen genialische Businesspläne in der Startup-Welt gebaut waren, waren unausgereift. 20 Prozent der Ideen waren im Kern richtig und stark, aber sie kamen – ein Treppenwitz der Wirtschaftsgeschichte – zu spät auf den Markt, weil der große Hype bereits in sich zusammenbrach (das Speed-Kills-Syndrom). Zehn Prozent der Ideen waren genial und führen schließlich zu riesigen neuen Märkten und langfristigen Erfolgsgeschichten. Was in der Next Economy zählt, ist nicht mehr reine Geschwindigkeit, sondern das Timing: Nicht der Erste gewinnt, sondern derjenige, der mit einer reifen Realisierung eine reife Marktidee trifft.

4. Es gibt kein rein elektronisches Business

Man stelle sich vor, E-Commerce hätte sich tatsächlich als jene Killer-Applikation erwiesen, als die es jahrelang gefeiert wurde. Dann wären unsere Städte heute längst mit Lieferfahrzeugen verstopft, deren Fahrer unentwegt an Haustüren klingelten, deren Bewohner nicht zu Hause sind. Berge von Verpackungsmüll würden entstehen, und E-Commerce würde sich als das entpuppen, was es – zumindest im B2C-Bereich immer noch überwiegend ist: Einkauf ohne Sinnlichkeit, aber mit Zeitverzögerung. Die totale Virtualität, die uns die New Economy vorgaukelte, ist deshalb eine Illusion. Es geht am Ende mindestens genauso um *bricks* wie um *clicks*. Es geht um eine ausgeklügelte und vor allem menschengerechte Logistik. Es geht um die geschickte Verzahnung informeller und logistischer Systeme, die sich in die Alltagsökologie der Menschen einfügt. Die Zukunft gehört neuen Mischformen aus stationärem und mobilem Handel: E-Emma-Läden, bei denen man seine bestellte Ware bei einem Kurzspaziergang abholen kann. Smarten Botensystemen, die den Kunden via Handy aufspüren können. UPS hat vorgemacht, wie *online tracking* ein altes Gewerbe, den Kurierdienst, verbessern kann.

5. Nur der Kunde zählt

Wer nur an sich denkt, den bestraft das Leben. Viele Startups dachten an Börsenkurse und Reichwerden, vielleicht noch an stündlich steigende Anzahl der Clicks auf ihrer Website. Aber an sonst nicht viel mehr. In der Next Economy jedoch wird Kundenzentrierung zum alles überwölbenden Thema. Die Konsumentenmärkte sind gesättigt, die globalen Player gut aufgestellt. Was zählt, ist einzig und allein eine Idee, die dem Kunden etwas gibt, was er *ansonsten nirgendwo bekommt*. Was zählt, ist schließlich eine intime und verlässliche Bindung zu den Kunden, der Access-Faktor. Aber dies darf man eben nicht mit dem *data mining* verwechseln, wie es in den Hochzeiten der Dot.com-Blüte üblich war: Kundendaten alleine sind keinen Heller wert! Profitable Kundenbeziehungen wachsen auf nichts anderem als Erfahrungen und authentischer Kommunikation!

6. Nur der Mitarbeiter zählt

Wer seine Kunden liebt, darf seine eigentlichen Kunden nicht vernachlässigen: den jetzigen und zukünftigen Mitarbeiter. Alle Unternehmen sind in Zukunft um die zentrale Ressource »menschliches Talent« konstruiert. Deshalb entscheidet der Erlebniswert eines Unternehmens über seine Zukunft: Kann man als Mitarbeiter in ihm etwas erleben, was außergewöhnlich, lehrreich und erfolgreich ist? Während sich die New Economy primär der technischen Architektur widmete (und die Potentiale der Mitarbeiter eher als eine Art Turbo-Treibstoff benutzte), wendet sich die Next Economy primär den sozialen Architekturen im Unternehmen zu.

7. Menschen sind konservativ – zu Recht!

Die Gewohnheiten der Menschen sind nicht einfach nur lästige Überreste störrischen Primatenverhaltens, das spätestens mit dem Aufwachsen der nächsten Kid-Generation transformiert wird. Dass Kunden es hartnäckig bevorzugen, in physische Läden zu gehen, in denen man Waren und Produkte *anfassen* und dem Verkäufer ins Gesicht sehen kann, hat mit jahrtausendealten Erfahrungen zu tun. Jemand, der physisch präsent ist, ist beeinflussbarer als ein zuckersüßer Avatar auf einer Website. Wenn mein nagelneues 50-Euro-Radio nicht funktioniert, bringe ich es lieber einem Herrn im grauen Kittel zurück, als es in die Anonymität einer Website-Adresse auf Honolulu zu schicken! Auf dieses menschliche Beharrungsvermögen wird die Next Economy wieder Rücksicht nehmen.

8. Technik muss funktionieren!
Die Zeiten der »Gnade mit Computern« ist vorbei. Die Ära, in denen wir unser Leben opferten, um auch das unstabilste und komplizierteste System unter Einsatz von purer Lebensenergie zum Laufen zu bringen, liegt hinter uns. Kein Konsument, aber auch kein Mitarbeiter, akzeptiert in Zukunft die Zumutungen unausgegorener Bedieneroberflächen, würdeloser Software und instabiler Verbindungen. Lieber analog als digitaldoof! – dieser Slogan hat zum jetzigen *digital backlash* beigetragen – wenn das Ding nicht funktioniert, schreibe ich eben wieder Briefe mit der Hand!

Es lohnt sich, hier noch einmal Mark Andreessen, den Erfinder von Netscape, zu zitieren, der die genetische Anpassung des Menschen an das Keyboard fordert. Zumal er es durchaus ironisch meint:

In der Zukunft werden wir sehr lange Daumen mit vielen Gelenken haben, so dass wir die kleinen Geräte besser benutzen können. Und Menschen mit diesen kleinen Daumen werden für das andere Geschlecht sehr attraktiv sein. Vergessen wir den attraktiven Hintern! Ich möchte, dass mein Partner einen langen, gelenkreichen Daumen hat, damit meine Kinder in der Welt der Zukunft nicht benachteiligt sind! [51]

9. Reinkarnationen lohnen!
Die New Economy hat brillante Ideen hervorgebracht, die im allgemeinen Getöse und der Tragik des Kurszusammenbruchs untergegangen sind. Es wird sich lohnen, diese Ideen aus der Warte der Next Economy erneut zu betrachten. Wo Startups in das Paradox gerieten, in einem brutal schnellen Markt zu spät zu kommen, könnte ihre große Zeit erst noch kommen. Wo gute Teams mit ihren wirklich guten Ideen gegen die Wand aus Börsenspekulation und Panik fuhren, dort sollten wir die

Trümmer aufmerksam betrachten. Alles hat eine zweite Chance, die dann den wirklichen Durchbruch bringt.

10. Die Multichannel-Welt

Computer werden dann zu Instrumenten eines wirklichen Produktivitätsbooms, wenn wir sie mit den komplexeren Kräften des menschlichen Geistes neu verbinden: mit wahrer Innovation, der Sensibilität für die wirklichen Wünsche der Menschen und der Power echten Teamworks. Das Internet, selbst ein Multimedium, wird unsere Welt medial auf eine höhere Stufe der Integration bringen. Am Ende wird eine Multichannel-Welt entstehen, in deren Innerem das Internet wie eine alchemistische Substanz wirkt. Und der lang ersehnte Produktivitätsschub wird wie ein glosendes Feuer über alle Branchen hinweggehen! Und dann, tatsächlich, wird kein Stein der Alten Ökonomie auf dem anderen bleiben.

SMART COMPANIES

DIE WAHREN PIONIERUNTERNEHMEN DES WISSENSZEITALTERS

Die Kultur der Neuen Ökonomie fußt auf drei Grundregeln: Freiheit und Selbstbestimmung in deiner Arbeit; Sinn, Stolz und Engagement mit deiner Arbeit; Schaffung von Wohlstand durch deine Arbeit ...
»Fast Company«

ST. LUKES: WENN ALLEN ALLES GEHÖRT ...

Ein altes, etwas staubiges Backsteingebäude unweit Kings Cross in einer öden Gegend Londons. Ein buntes Gewühl von Menschen und Computern. Eine der bedeutendsten Werbeagenturen der westlichen Welt.

St. Lukes ist ein Mythos. Ein Mythos, weil hier eines der radikalsten Eigentumsmodelle der Neuen Ökonomie ausprobiert wurde – auch wenn das Unternehmen, wie die meisten hier geschilderten Pionierfirmen, kein Dot.com-Unternehmen ist. St. Lukes ist ein Mythos, weil es so schnell wuchs wie ein Dot.com-Unternehmen und dabei eine Eigentumsstruktur hatte wie ein Alternativbetrieb aus den wilden siebziger Jahren. Ein Mythos, weil hier Werbung *anders* betrieben wird – nicht als »Verkaufe«, sondern als intensiver Kommunikationsprozess. Eine Werbeagentur, die dazu erfunden wurde, »um alle Werbeagenturen zu beenden«.[52]

St. Lukes ist ein Management-Buy-out. Die Firma entstand unter dramatischen Umständen im Jahre 1995, als Jay Chiat, der Gründer der legendären Agentur Chiat/Day, sein Unternehmen an einen globalen Mega-Werbekonzern verkaufte. Chiat, ein charismatischer Werber der großen Kreativwelle der späten achtziger Jahre, experimentierte radikal mit Arbeitsplatzarchitektur. In seinen Agentur-Designerpalästen in Los Angeles und New York löste er alle Schreibtische auf und schuf ein neues, kreativ-aggressives Arbeitsambiente, in dem die Menschen im Aufzug, auf dem Dach oder schlichtweg am Strand auf ihre Laptops einhackten.

Chiat machte es wenig aus, dass seine radikalen Modelle nicht allzu viel Zuspruch in der Belegschaft fanden – es schuf Chaos und Unzufriedenheit, die Kündigungsrate stieg. Aber er wurde müde. Als er 1995 auch seine Londoner Dependance an einen weltweiten Werbekonzern verkaufen wollte, wagte die Belegschaft den Aufstand. Obwohl die Amerikaner mit ganzen Batterien von Anwälten versuchten, den Deal durchzuziehen, ging die Agentur schließlich – einschließlich aller Kunden – gegen einen symbolischen Betrag von einem Dollar und einer zehnprozentigen Umsatzbeteiligung für zehn Jahre in die Hände ihrer Mitarbeiter über. Nicht als Aktiengesellschaft, nicht als GmbH, sondern im Besitz eines so genannten QUEST (*Qualifying Employee Shareholder Trust*), einer Art Verein, bei dem alle Angestellten nach einem halben Jahr Shareholder sind.

St. Lukes (benannt nach dem Schutzheiligen der Geschichtenerzähler und Ärzte) macht alles anders, was man anders machen kann. Keine gediegenen Präsentationsräume. Keine *pitches*, bei denen die Agentur mit hohem Aufwand und Risiko um neue Aufträge wirbt. Stattdessen Chillout-Räume. Keine nächtlichen Arbeitssitzungen, jedenfalls nicht oft. Jeder Kunde – z.B Ikea, Boots – hat einen eigenen Kreativraum in der Agentur, den er selbst einrichten kann und in dem ständig Gebrüll und Auseinandersetzung über neue Ideen und Kampagnen herrscht.

»Die treibenden Kräfte im Werbegeschäft sind Ego und Gier«, sagt

Andy Law, einer der Initiatoren. »Wir haben beides weitgehend ausgeschaltet. Bei uns wird keiner Millionär.«

Die Grundidee der Agentur basiert auf der Abkehr vom branchentypischen Zynismus und auf dem Begriff »Fairness«. Fairness der Angestellten untereinander, aber auch Fairness im Umgang mit Kunden und Konsumenten. Dazu eine rechtliche Konstruktion, die an kooperatistische Strukturen erinnert und den Stress und den Extremismus der Börse vermeidet. Aber dennoch hohe, leistungsorientierte Löhne – eine spannende, extrem *smarte* Mischung.

GRUPO M – UNTERNEHMEN ALS ENTWICKLUNGSHELFER

Wo und in welcher Branche kann man Menschen aus der Dritten Welt am besten ausbeuten?

Antwort: in der Dominikanischen Republik und in der Textilbranche. 50 Prozent Arbeitslosigkeit, Durchschnittslohn um die 70 US-Dollar pro Monat – nahe an den Niedriglöhnen in China, die noch einmal die Hälfte niedriger liegen. Ein Land voller Armut, Korruption, mafiöser Beziehungen, Slums.

Dort, wo die Elendsgürtel der Stadt Santiago in die grünen Hügel des Umlandes übergehen, liegt der Hauptsitz der Grupo M (grupom.com. do), des größten Arbeitgebers des Landes, mit insgesamt 13.000 Arbeitern und Angestellten. Eine helle, saubere Fabrik, durchflutet vom gedämpften Lärm der Strick- und Schneidemaschinen. 4000 Arbeiter in Teams, etwa die Hälfte Männer und Frauen. Eine Fabrik wie jede andere in der Dritten Welt? Ein *sweatshop*, in dessen abgelegeneren Trakten womöglich Kinder schuften? Könnte man meinen. Die Aufträge kommen von Boss, Levis, Liz Clairborne, Tommy Hilfinger, aus dem Herzen der amerikanischen und europäischen Fashionszene. An allen Wänden ist zu lesen: *Our mission: to dress the world with quality – stitch by stitch.*

Fernando Capellán, der Besitzer, stammt aus der dünnen bürgerlichen Schicht der Dominikanischen Republik. Er begreift sein Unternehmen als politische Aufgabe und hat es vor einigen Jahren abgelehnt, als Präsidentschaftskandidat in die Wahlen zu gehen. »Wir sind ein agrarisches Land«, sagt er. »Das fängt bei den Arbeitsrhythmen der Menschen an. Wenn es regnet, wird nicht gearbeitet. Wenn die Sonne scheint und Wind weht, auch nicht. Die Menschen sind es gewohnt, die Saat bei trockenem, bedecktem Wetter auszubringen – und das überträgt sich auf die Arbeitswelt.«

Das Unternehmen ist eine Schule – im wahrsten Sinne des Wortes eine Schule für das Leben. Es geht zunächst um solch fundamentale Dinge wie Pünktlichkeit, Sauberkeit, Zusammenarbeit. Jeder Mitarbeiter kann einen kostenlosen sechsmonatigen Kursus belegen, in dem Schreibkenntnisse, Englisch, persönliche Gesundheit, Sicherheit und *community awareness* gelehrt werden. Das Unternehmen unterhält vier betriebseigene Großkindergärten, zwei Tageskliniken, die für die Beschäftigten kostenlos sind, inklusive Zahn- und Augenbehandlungen, die in der Dominikanischen Republik nur für teures Geld geboten werden. Ein Busunternehmen, das den Transport organisiert. Ein riesiger Pavillon steht für große Feste wie Hochzeiten zur Verfügung. Jeder Geburtstag wird registriert und am schwarzen Brett ausgehängt, einmal im Monat gibt es eine »Gemeinsamfeier« aller Geburtstagskinder mit Kuchen und Kerzen.

Awareness. Aufmerksamkeit, Sich-kümmern. Die *skills* erhöhen. Das ist das geheime Stichwort der Firmenkultur. »Wir glauben einfach, dass es richtig ist, sich auf die Menschen und ihre Entwicklung zu konzentrieren, und wir bemühen uns, jeden mitzunehmen, ihm Hilfen bei der Entwicklung einer stabilen Familie, einer stabilen sozialen Situation zu geben«, sagt Cappelán. Das Unternehmen zahlt Löhne, die fast doppelt so hoch liegen wie der Mindestlohn. Konkurrenzfähig ist es durch seine höhere Produktivität – Maschinen laufen besser, Fließbänder sind zugunsten von Gruppenarbeit abgeschafft. Das zweite Stichwort: Verantwortlichkeit. »Die Abschaffung der Fließbänder«, so Cappelán, »ist Bedingung einer echten Verantwortlichkeit der Leute. Es kommt einfach nicht mehr vor, dass 400 Kleidungsstücke genäht werden, bevor jemandem auffällt, dass am Schnittmuster etwas nicht stimmt. Das erhöht auch den Stolz auf die Arbeit.« Die Fluktuationsrate unter den Stammarbeitern liegt bei einem Prozent. Das spart Anlernkosten und vieles andere mehr. Empowerment als Marktvorteil.

Der Erfolg des stark wachsenden Unternehmens, das inzwischen auch in höhere Wertschöpfungen wie Strickprodukte und Consulting expandiert und eine eigene Kollektion für den lokalen Markt entwickelt hat, hängt nicht zuletzt mit einem Wandel der Öffentlichkeit in der Ersten Welt zusammen. Vor einigen Jahren machten Aktionsgruppen auf Kinderarbeit und brutale Arbeitsbedingungen ausgerechnet bei jenen Sportswearmarken aufmerksam, die bei Jugendlichen mit überdurchschnittlichem ethischen Bewusstsein ihre Kernzielgruppe haben. Nike und GAP gerieten unter heftigen Druck. Als Konsequenz haben praktisch alle Anbieter in den letzten Jahren ethische Kataloge entwickelt, deren Einhaltung sie von ihren Lieferanten fordern. Das Council on Economic Priorities, eine der wichtigen Organisationen der Ethic-Trade-Bewegung in den USA, verlieh Grupo M den Hauptpreis für *empowering employees*. Und Levi Strauss ging sogar noch weiter. Die Jeansfirma schuf ein Pilotprogramm in der Dominikanischen Republik, das mit lokalen Basisgruppen die Lebensbedingungen von Fabrikarbeitern verbessern soll – in enger Zusammenarbeit mit Grupo M.

»Wenn das Wachstum in der Dominikanischen Republik weitergeht – mit sieben oder acht Prozent jährlich – müssen wir uns etwas einfallen lassen und weiter diversifizieren. Die Textilindustrie ist ein fragiles Wesen«, sagt Cappelán nachdenklich. Einstweilen wird eine hocheffektive Kläranlage errichtet, die nicht nur die Abwässer der Hauptfabrik reinigen soll. Ein teures Wiederaufforstungsprojekt im Inland – Capellán möchte, dass sein Unternehmen ein *role model* in seinem armen, aufstrebenden Land wird.

STARBUCKS – KULTURELLE SMARTNESS ALS WACHSTUMSPRINZIP

Im Jahre 1983, als die Haare langsam kürzer wurden und die Jugendkultur nach neuen Ufern suchte, fuhr Howard Schultz, ein smarter junger Businessmann aus New York, nach Italien. Wie viele europhile Amerikaner verliebte er sich in das Land – und vor allem in seine außergewöhnliche Espressokultur. Er verbrachte Tage auf den Piazzas von Mailand, Bologna und Siena und blickte fasziniert auf die Art und Weise, wie kleiner, starker schwarzer Kaffee an jeder Ecke ausgeschenkt wurde – mit Würde, Kompetenz und Klassenlosigkeit. »Mir offenbarte sich das Geheimnis und das Flair von gutem Kaffee. Die Italiener verstanden die persönliche Beziehung, die Menschen zu Kaffee haben können, seinen sozialen Aspekt. Alle Besitzer der Bars kannten ihre Gäste persönlich. Jeder Espresso wurde handgemacht und persönlich überreicht. 1500 Espressobars gab es allein in Mailand, einer Stadt, die kaum so groß war wie Philadelphia. Und alle waren voll!«[53]
Starbucks war damals ein kleines, freakiges Unternehmen mit vier Läden im kühlen Seattle, das versuchte, guten, sortenreinen Kaffee zu verkaufen – selbst importiert und geröstet. Zwei Studenten hatten sie gegründet, und man zählte sich zur Gegenkultur mit Drittweltbezug; in den Läden herrschten Birkenstock und T-Shirts mit Protestaufdruck. Aber schon damals ging es um Genuss und Geschmack: Gegen die amerikanische Kaffeekultur mit ihren *buckets* voll mit abgestandener Plörre wollte man Kaffee mit eigener Note und eigenem Aroma verkaufen. An ein intellektuelles Publikum, das bereit war, mehr zu bezahlen. Eine Connaisseur-Idee, wie sie sich mit Wein, Tee und vielen anderen Ge-

nussmitteln in den letzten Jahren auf den Märkten durchgesetzt hatte. Schultz trat in das kleine Unternehmen als Marketingmanager ein und wirbelte es innerhalb kurzer Zeit durcheinander. Er verfolgte einen Traum, der konsequent über den Kaffee als Hardware hinausging: Er träumte von einer amerikanischen Espressokultur, von einem Gesamt-kunstwerk, in dem Kaffee die Rolle des Genussträgers spielen sollte, die im Kern aber eine soziale Idee war: eine Wiederbelebung der europäi-schen Kaffeekultur des 19. Jahrhunderts in der modernen Welt. 1986 kaufte er die Läden und den Namen von den ursprünglichen Starbucks-Besitzern. Ab 1988 eröffnete er jährlich 30 und mehr neue Cafés jähr-lich. 1991 eröffnete Starbucks seine ersten Filialen an der Ostküste und in Kalifornien, wo niemand einen Markt für heißen, aromatischen, frisch gerösteten Kaffee sah. 1993 ging das Unternehmen an die Börse, war bald 240 Millionen Dollar wert, bald wieder nur die Hälfte. Heute expandiert die »Idee Starbucks« auf alle Kontinente, vor allem nach Asien, wo junge Leute in Tokio vor den Filialen Schlange stehen.

Starbucks steht für die Quadratur von gleich mehreren Kreisen. Das Unternehmen operiert in einem ökonomischen Bereich, der von knall-harten Billiglöhnen und Teilzeit-Aushilfskräften geprägt ist – in der schnellen Gastronomie und im Over-the-Counter-Einzelhandel. Seine Aktie hat eine kontinuierliche Aufwärtsbewegung hinter sich – je tiefer die Dot.coms in den Keller fielen, desto steiler. Und trotzdem, oder ge-rade deshalb, ist Starbucks Neue Ökonomie at its best: Es hat eine aus-geprägte, mitarbeiterfreundliche Unternehmenskultur. Starbucks ist heute ein Weltunternehmen mit weit über 1000 Filialen und einem Umsatz von mehr als einer Milliarde Dollar – und dennoch hat es sich viel von dem ursprünglichen Geist bewahrt, der auf kleine, intime, überschaubare Orte und Teams setzt. Es ist extrem kundenorientiert und gleichzeitig extrem mitarbeiterorientiert. Starbucks ist aus der amerikanischen Gegenkultur entstanden und setzte immer schon auf ei-nen Moral-plus-Faktor. Und dennoch – oder gerade deshalb – ist es hochprofitabel. Es ist ein börsennotiertes High-Touch-Unternehmen, das eine Performance hinlegte, hinter denen viele High-Tech-Startups zurückblieben.

Starbucks ist mit drei großen Trends groß geworden. Erstens *romantische Erlebniskultur*: Starbucks-Cafés sind Inszenierungen von Duft, Farben und Design, in denen Rituale – die Zubereitung des Kaffees – zelebriert werden. Zweitens *sweet indulgences (faith popcorn)*, jener neue Luxus, der auf »kleinen Verwöhnungen« aufbaut und dessen Markenzeichen nicht auf Status oder Preis, sondern auf kultureller Kompetenz aufbaut: Er sucht nach dem Authentischen, dem Produkt, dessen Herkunft und Qualität einmalig und individuell ist. Drittens dem Trend zum *third place*, zu einem sozialen Ort zwischen der Sphäre der Arbeit und dem Privaten, in dem sich Individuen zwanglos treffen können. Dem Gegengewicht gegen die Einsamkeit in den neuen Arbeits- und Lebensformen der mobilen Gesellschaft.

Alles drei zusammen bildet einen Megatrend: *cultural socialising*, und das Fundament für eine neue Dienstleistung, die die gebildeten, stilbewussten Städter fasziniert. Projekte, Läden, Restaurants in dieser Richtung gibt es viele. Aber eben nur als authentische Solitäre, die mit dem Wirt oder Inhaber aufstiegen oder untergingen. Starbucks hingegen steht für den ehrgeizigen Versuch, das Prinzip Authentizität mit einer Weltmarke zu versehen – einen Anti-Massenmarkt zu vermassen.

Natürlich hat das Unternehmen, ähnlich wie BodyShop oder der alternative Eishersteller Ben&Jerry's, gerade mit jenem Teil der progressiven Öffentlichkeit zu kämpfen gehabt, der sich moralische Behauptungen besonders sorgfältig zur Brust nimmt – Dritte-Welt-Gruppen, die die Beendigung der Ausbeutung auf den Kaffeeplantagen forderten, Umweltgruppen, die Einwegbecher monierten. Aber das Unternehmen war Pionier bei vielen *corporate citizenships*-Maßnahmen, die heute von Großunternehmen nachgeahmt werden: Zahlreiche Aktivitäten für Aids-Initiativen, Umweltschutzprogramme, landwirtschaftliche Projekte in

Afrika gehören zur PR-Strategie. 1992 führte man *bean stocks* ein, ein ehrgeiziges Aktienbeteiligungsmodell für die Mitarbeiter. Das Unternehmen bietet – für die USA ungewöhnlich – eine firmeneigene Krankenversicherung auch für Teilzeitkräfte. All dies ist hochmoralisch, aber dennoch nicht selbstlos. Denn in der High-Touch-Gastronomie gehört die Kündigungsquote zum alles entscheidenden Kostenfaktor. Die jungen, oftmals besser gebildeten Mitarbeiter von Starbucks geben dem Unternehmen ihre intime Beziehung zu den Kunden, ihre kulturelle und emotionale Kompetenz. In der normalen Fastfoodgastronomie liegt die jährliche Kündigungsquote in den USA bei 130 Prozent. Bei Starbucks nur bei einem Drittel.

GORETEX: FÜHRUNG STATT HIERARCHIE

Wenn eine Organisation in den Märkten wächst, wächst die Anzahl der in ihrem Inneren tätigen Menschen überproportional zu denen, die »direkt mit dem Markt konfrontiert sind«. Man kann das Ganze mit einem Ballon vergleichen: Das Volumen im Inneren wächst schneller als die Oberfläche. Das heißt: Die Kosten wachsen schneller, als der Markt sie zu bezahlen bereit ist. Immer weniger Mitarbeiter sind auf direkte, existentielle Weise mit dem Markt, sprich mit dem Kunden, konfrontiert. Und dieses ständige Steigen des *overheads* ruiniert Unternehmen in der Wissensökonomie schneller, als diese neues Kapital bekommen können.

Die Konsequenz ist, dass klassische Hierarchien unbezahlbar teuer werden:

- Hierarchien machen abhängig von dem einen, großen Boss, ohne den nichts entschieden werden kann.
- Hierarchien machen kommunikative Wege lang und kompliziert.

Alles muss in einem langen Filterprozess von oben nach unten weitergegeben werden

- Hierarchien erzeugen oft unterschwellige Rebellionen, und vor allem fördern sie eine Haltung der Passivität, des Befehlsempfängertums.
- Hierarchien erzeugen schwerfällige und kostenreiche Organisationsformen, in denen die Mitarbeiter mit dem Austarieren ihrer Statusbedürfnisse beschäftigt sind.

Die Konsequenz daraus ist, das Innere nach Außen zu kehren. Komplexität zu verteilen, statt sie zu zentralisieren. In der Organisation der Zukunft sind die Mitarbeiter sowohl »drinnen« wie »draußen«, sie sind Angestellte und Unternehmer zugleich. *Sie outsourcen hin zum Kunden.* Organisation der Zukunft ist dezentral, weil die dem Druck des Marktes nur durch einen schnellen Anstieg des Levels der Marktverantwortung in *allen* Teilen der Organisation begegnen kann.

Das Unternehmen, dass sich solche Überlegungen wahrscheinlich am intensivsten zu Herzen genommen hat, heißt GoreAssociates. Gore ist ein hochprofitabler Konzern mit Stammsitz in den USA, der sich rund um die Uhr mit der Entwicklung neuer Materialien beschäftigt. Hauptprodukt ist das allseits bekannte wetterfeste Goretex, aber auch medizinische und energetische Anwendungen gehören zum Produktspektrum.

Gore ist keine neue Firma. Aber es ist eine High-Tech-Firma, wie sie so erst im letzten Jahrzehnt von den Märkten geschmiedet wurde: schnell, global, innovationsgetrieben. Und das wirklich Neue ist die innere Organisation der Firma. Wenn einem ein Mitarbeiter von Gore eine Visitenkarte in die Hand drückt, ist man zunächst irritiert. Kein Titel, nicht einmal eine Berufsbezeichnung, nur das schöne Wort *»associate«*. Gore ist weltberühmt für seine absolut schlichte Führungskultur: Führungspersonen haben keine repräsentativen Büros, oft keine Sekretärin. Der Stil ist locker: Man legt wenig Wert auf Statussymbole, gleich welcher Art.

Zentral in der Gore-Philosophie ist das »Gesetz der überschaubaren Einheit«. Das Unternehmen zählt heute über 3000 Mitarbeiter weltweit, aber kein Standort ist größer als 150 Personen. In Delaware, dem Hauptstandort, stehen drei Fabriken dieser Größe in Sichtweite voneinander. Über dieser Schwelle, so glaubt man, ist Kommunikation unter den Mitarbeitern nicht mehr sinnvoll möglich. Das Unternehmen wächst also nach dem Prinzip der Zellteilung.

Wie wir arbeiten, unterscheidet uns. Bei Gore betrachten wir Kreativität nicht im Rahmen konventioneller Hierarchien. Wir ermutigen praktische Innovation und entmutigen Bürokratie, indem wir diejenigen beteiligen, die am nahesten an einem Projekt beteiligt sind. Teams organisieren sich an den Möglichkeiten, und Führungspersönlichkeiten entwickeln sich in ihnen. Anstelle einer Pyramide aus Chefs und Managern haben wir die lattice organisation *entwickelt. Es gibt keine Kommandoketten, keine vorbestimmten Kanäle der Kommunikation. Stattdessen kommunizieren wir direkt miteinander.*

BABY – DIE KATHEDRALE DER NEUEN AGENTEN

Und die weitere Zukunft? Wie sieht ein Unternehmen der neuen Art im Jahre 2020 aus?

Wird es dann noch ein »Unternehmen« sein?

Eine alte, umgebaute Kirche in Amsterdam. Ein großer Raum, lichtdurchflutet. Die vorherrschende Farbe ist weiß. Weiße Dielenbretter. Weißer Stuck an den Kathedralendecken. Tiefe, dunkle Clubsessel. Kinder spielen in einer Ecke, aber in deutlich abgesenkter Lautstärke. Handys zirpen und Teller klappern.

Baby, wie dieses Etablissement etwas ironisch getauft wurde, ist der erste Businessclub für freie Agenten, für die wachsende Schicht der »Ich-AGs«. Eine Mischung aus Treffpunkt, Ausbildungsstätte, Restaurant, Bibliothek, Cyber-Café, Nachtclub. Im Dachgeschoss sollen bald 18

Hotelräume entstehen. Im Nebentrakt finden sich kühl designte Konferenzräume und iMacs.

René Eller, der Gründer, wurde mit schrägen Werbefilmen bekannt und gehört zu jenen Euro-Kids, die auf vielen Hochzeiten spielen. Der Club ist für ihn Teil eines immerwährenden Projektes von Networking, in dem kreative Menschen, die das Neue suchen, zusammenkommen. Besonders witzig die Finanzierung: Die Kirche hat er in mehreren Schritten renoviert. Als der erste Raum fertig war, hat er ein Fest organisiert, das zum Fundraising gedacht war. Einen Teil finanzierte er über seine Firma V3, die 300 Websites in dem südpazifischen Inselreich Tonga kaufte: von www.come.to bis www.welcome.to. Damit designte Eller neue Internetzugänge: Unter www.come.to.Eigenname kann jeder Mensch im Internet schnell gefunden werden – über eine Million Menschen haben auf diese Weise eine neue Erreichbarkeit im Netz erworben. Heute finanziert sich Baby über seine 5500 Mitglieder, die einen jährlichen Beitrag zahlen wie bei den Rotariern – zwischen 300 und 500 DM jährlich.

Baby repräsentiert die neue Welt der Arbeit, in der sich die Grenzen zwischen Unternehmen und Unternehmungen in Menschenbeziehungen auflösen. Von seinen Mitgliedern wird es für Kunden- und Akquisitionsgespräche genutzt, zum Austausch von Joberfahrungen, zum Bilden von interdisziplinären Teams – oder einfach, um einen schnellen und funktionierenden Internetanschluss zur Verfügung zu haben. Das Spektrum der Mitglieder reicht von Journalisten über Models, Fotografen, Filmemacher, Werber bis zu Interneteinzelkämpfern. Das Gebäude steht für Events zur Verfügung, für Firmenfeste und Benefizveranstaltungen. Warum solche Mühe für die Materie, warum nicht einfach eine virtuelle Gemeinschaft? Eller: »Ich hatte das Gefühl, es würde sehr schwer sein, ein Netzwerk aufzubauen, wenn man nicht zuerst einen verbindlichen physischen Ort baut.« Eller arbeitet derzeit auch an der Internetvariante: WorkBaby soll eine Arbeitsplattform der freien

Agenten sein, auf der sie ihre Produkte und Tätigkeiten präsentieren können.

Eller ist von allen möglichen Investoren gefragt worden, ob er den Namen seines Projekts als Marke zur Verfügung stellen möchte: für ein Feriendorf in Italien bis zu Eventagenturen. Und warum überhaupt der Name »Baby«? »Meine Freundin hat mich immer so genannt«, sagt Eller. »Der Club ist etwas, worum man sich ständig kümmern muss. Eine verletzliche Idee. Aber auch ein kleines, süßes Projekt, das mit ein bisschen Zuwendung richtig groß werden könnte.«

Die wahre Neue Ökonomie beginnt im Herzen

Fünf Unternehmen mit den unterschiedlichsten Voraussetzungen und Ausformungen. Fünf Experimente mit offenem Ausgang. Sind das lediglich unbedeutende Ausnahmen, kleine Gegenbeispiele in einer Wüste des seelenlosen Turbokapitalismus? Mitnichten. Es sind fünf Prototypen für das, was kommen wird.

- Das Beispiel St. Lukes bestätigt die These, dass in der Wissensökonomie die zentrale Ressource, das Wissen, stets in den Köpfen der Mitarbeiter bleibt. Deshalb sind Wissensunternehmen nicht einfach verkaufbar. Und egalitäre oder schlichtweg ungewöhnliche Eigentumsverhältnisse müssen nicht der Tod der Produktivität sein, im Gegenteil.
- Das Beispiel Grupo M zeigt, dass man globales Win-Win selbst im Bereich klassischer Produktionsbetriebe in armen Ländern gestalten kann.
- Die Starbucks-Geschichte belegt, wie selbst globale Player im Niedriglohnbereich eine neue Würde, einen anderen *spirit* erzeugen können – Leute gut behandeln zahlt sich aus.

- Das Beispiel Goretex zeigt, dass selbst High-Tech-Unternehmen mit mittelständischem Ursprung, die in harten weltweiten Konkurrenzen stehen, neue kooperatistische Strukturen zu ihrem Vorteil nutzen und entwickeln können.
- Und das Beispiel Baby zeigt, wie sich am Ende die neue Arbeitswelt in eine Kooperation der Talente, der »Ich-AGs« und »Selbst-GmbHs« auflöst – sich dabei neu organisiert, aber eben nicht nur im Cyberspace, sondern auch in der realen physischen Begegnung.

Es gibt unendlich viel mehr Beispiele für die neue Unternehmenskultur. Manche Pionierunternehmen des *Smart Capitalism* werden von charismatischen Führern dominiert (man denke an Anita Roddick oder Richard Branson), die derart dominant sind, dass sie eigentlich entmutigend wirken sollten. Und dennoch entwickeln auch solche »Häuptlingsfirmen« eine eigenständige Pop-Firmenkultur und können sich an den knallharten Märkten behaupten. Andere stammen aus dem alten Mittelstand und kombinieren moderne Kulturkompetenzen mit alten Traditionen (Bulthaup, Vitra, Wilkhahn, Wittmann, Tods etwa das Thema Design mit Handwerk). Oder nutzen die familiären Bindungen überschaubarer Betriebe für mutige Projekte (die Waagenfirma Mettler-Toledo schaffte die Regelarbeitszeit ab). Manche Unternehmen auf dem langen Weg zur Transformation beschäftigen sich intensiv mit einer höheren Integration des Verhältnisses zwischen Mensch und Technologie (wie das Hörgeräteunternehmen OTICON, das einen neuen Weg zur Innovationsplanung mit seinen Kunden entwickelte). Und andere tüfteln an Eignerprogrammen, in denen innerbetriebliche Demokratie zur Produktivitätssteigerung führt. (Das dänische Unternehmen Unimerco gehört zu je einem Drittel den Arbeitnehmern, den Führungskräften und dem Geschäftsführer.[54]) Wieder andere betonen die *family values* und entwickeln aktiv Lebens-Arbeits-Welten für ihre Mitarbeiter, in denen diese den Konflikt zwischen Familie und Job leichter lösen können (Ben&Jerry's, SAS). Und längst sind auch die Großen von diesem *wind of change* erfasst. Handelskonzerne wie die schweizerische Migros wiederentdecken ihre rebellische Geschichte, investieren in Kultur und Weiterbildung. Großkonzerne erfinden neue Wege der fairen Mitarbeiterbeteiligung (Siemens, BMW) und experimentieren mit dem ganzen Spektrum des Empowerments, der Teilhabe, der Life-Work-Balance-Hilfestellungen.

Die Initialzündung, die die New Economy der Dot.coms in die wirtschaftliche Welt gesät hat, trägt Früchte. Die Idee der Smart Company ist ein Virus, dessen Ausbreitung nicht mehr zu stoppen ist. Alles nur Ausnahmen? »Fast Company« nennt das Gegenteil der Smart Company die »toxische Firma«. In ihr herrscht das Gift der Unehrlichkeit, des negativen Stresses, der Erniedrigung, der Ausbeutung, der Panik vor dem Markt.

Stell dir vor: Die Welt ist voll toxischer Unternehmen – aber keiner geht mehr hin!

DIE WIN-WIN-GESELLSCHAFT

SIEBEN PARADIGMEN DER KOMMENDEN WISSENSKULTUR

All thought draws life from contracts and exchanges

Ferdinand Braudel

Kann Kapitalismus *smart* sein?

Zunächst: Was heißt »*smart*«? Großes Rätselraten. Sanft? Gut? Freundlich? Nett? Mitnichten. »Clever« wäre das wohl sinnverwandteste Wort, aber auch das zielt in die falsche Richtung. »Elegant« spricht nur einen Formeffekt an. »Intelligent« liegt im Kern, hat aber eine andere, kalte Klangfarbe. »Klug«? Zu wenig. »Nachhaltig«?

Es gibt im Deutschen kein Wort für »*smart*«. Und das ist kein Zufall.

DIE DIENSTLEISTUNGS-DEMOKRATIE

Wenn es eine Hölle gibt, dann ist sie mit Sicherheit in fester Hand von Ostkellnern, einer allmählich in Vergessenheit geratenen Spezies. Im real existierenden Sozialismus lauerten sie als Zerberusse an den Türen gähnend leerer Restaurants und blökten »alles besetzt«, wenn man schüchtern nach einem Tisch fragte. Ostkellner waren die Botschafter der bürokratischen Menschenverachtung, die Außenposten eines Systems, das persönliche Leistung wie den Willen des Einzelnen verachtete.

Schaffte man es doch, sich irgendwie zu setzen, brachten sie mit belei-

digter Miene nach einer halben Stunde Sättigungsbeilagen und Zäh-
fleisch. Sie machten Witze unter allem Niveau oder schwiegen wie Be-
ton. Reklamationen ignorierten sie nicht einmal. Selbst wenn man ihnen Trinkgeld gab, ließen sie einen im Gefühl zurück, ein Wurm ohne
Existenzberechtigung zu sein.

Ostkellner sind das genaue Gegenteil von *smart*. Sie sind die Wirtskör-
per aller *Zero-Sum-Games*, aller Nullsummenspiele des Lebens. Robert
Wright hat diesen Begriff in seinem Buch »Non Zero«[55] geprägt. Darin
zeichnet er eine faszinierende Geschichte unserer Zivilisation aus sy-
stemtheoretischer Sicht. Er schildert den langsamen, mühsamen Fortschritt, in dem wir vom tribalen Jäger und Sammler zum Bewohner einer komplexen sozialen Welt wurden. Immer wieder ging es, an den
entscheidenden Sprungstellen der Evolution, um *Non-Zero-Games*. Um
gesellschaftliche »Spiele«, in denen *alle* Teilnehmer davon profitierten,
Kontrakte einzugehen, die zu höherer Komplexität führten. Auf Dauer
brachte diese Evolution eine neue kulturelle Grundkompetenz in die
Gesellschaft. Und das, was wir »zivile Gesellschaft« nennen, entstand.

Die Ökonomie spielt in diesem immerwährenden Spiel eine entscheidende Rolle. Wo die gegenseitige Dienstleistung, Sich-Mühe-Geben
weder belohnt noch gefördert wird, wird sie früher oder später entlernt.
Damit geht das Charakteristikum des Systems früher oder später auf
den Menschen über – aus Menschen mit der Fähigkeit zu Zuneigung
und Empathie werden Ostkellner. Keiner gibt mehr etwas von sich,
und auch das Wünschen geht verloren. Wenn eine Gesellschaft auf viele Jahre derart konditioniert wird, verkommt der öffentliche Raum zu
einer emotionalen Wüste. Die Gesellschaft verostkellnert.

Ostkellner reinkarnieren in Hausmeistern, Verwaltern, seelenlosen Bürokraten, in lieblosen Vertriebsvertretern und sturen Handwerkern. In
verostkellnerten Gesellschaften sind Polizisten keine Helfer und Freunde, sondern das genaue Gegenteil. Behörden haben jene Türen mit den
unerreichbaren Türklinken, die wir aus Kafkas »Schloss« kennen. Ein

ruppiger Ton gegenseitiger Verachtung prägt das öffentliche Klima. Leute, die nicht die richtige Hautfarbe haben, die anders aussehen oder gekleidet sind, werden ignoriert oder abgekanzelt. Die Große Muffigkeit regiert. Jeder stört. Alle klagen. Immer.

Umgekehrt sind Gesellschaften, die entwickelte persönliche Dienstleistungen als Alltag kennen, vom feinen Ton des aktiven Respekts durchdrungen. Selbst im tiefsten Gedränge findet man in der Londoner U-Bahn meistens noch Oasen der Rücksichtnahme. Selbst im wildesten Getümmel auf einer italienischen Autobahn herrscht eine gewisse ironische Aufmerksamkeit für den anderen – und deshalb gibt es wenig Unfälle. Japaner, die sich ständig dicht auf den Fersen sind, *kümmern* sich.

Die Erfolge der internationalen Hotelkette Ritz-Carlton basieren auf einem Konzept, das auf die Kultur des gesteigerten gegenseitigen Respektes setzt: Dem Gast wird mit überdurchschnittlicher Zuvorkommenheit und extraordinärer Aufmerksamkeit entgegengekommen. Aber man erwartet auch, dass sich die Gäste respektvoll gegenüber dem Personal verhalten, und man ist gewillt, im Konfliktfall auch Grenzen zu setzen, die das Personal vor Anmaßung und brutalen Ausfällen der Gäste schützen.

Das ist der zivile Kern – und die eigentliche Qualität – von Dienstleistungsgesellschaften: In ihnen kann Hierarchie durch Funktion außer Kraft gesetzt werden. Es gibt kein zementiertes »Oben« und »Unten«. *Auf die eine oder andere Weise sind wir alle Dienstleister für uns alle.* Und die Rollen können wechseln! Innerhalb eines Unternehmens dient man von Abteilung zu Abteilung. Chefs dienen ihren Angestellten durch gute Führung. Durch diese neu empfundene – und bewertete! – Abhängigkeit untereinander entsteht ein komplexes Gefühl von Dankbarkeit und gegenseitiger Akzeptanz – das Haltegerüst der zivilen Gesellschaft.

Und hier finden wir den ersten Aspekt von Smartness: Die Idee der Dienstleistung als kulturelle Konstante. Die *Grundanstrengung der gegenseitigen Zuneigung* als unveräußerbare Grundlage der *civil society*. Eine zivile Gesellschaft fußt auf den ökonomischen Mikrostrukturen der Menschen untereinander. Bestärken wir uns gegenseitig in unseren positiven Mustern und Kommunikationsweisen oder lassen wir unsere schlechte Laune an anderen aus? Man muss dabei nicht so weit gehen wie die amerikanischen Schulen und viele Eltern, die ihren Kindern ständig ihre Grandiosität einbleuen: »*Du bist der Größte, du wirst es schaffen, du bist ein Wunder!*« Aber in der Dienstleistungswelt lagern große Energien, die nicht nur das Geldverdienen, sondern auch das Menschenbild betreffen. Die Neue Ökonomie überwindet den Ostkellner in uns allen – hoffentlich für immer!

DAS KAPITAL DES VERTRAUENS

Wie wir über die Zukunft denken, sagt uns, wo wir als Individuen und als Zivilisation stehen. Suchen wir nach Statik – einer regulierten, kontrollierten Welt? Oder fördern wir DAS DYNAMISCHE – eine Welt ständiger Erfindung, Entdeckung, Veränderung? Bevorzugen wir Stabilität und Kontrolle oder Evolution und Lernen? Lassen wir uns in unsere Angst vor der Zukunft fallen, betrachten wir Technologie als mörderischen Prozess? Oder sehen wir Technologie als Ausdruck der menschlichen Kreativität und die Zukunft als eine Einladung? Glauben wir, dass der Fortschritt eine Blaupause braucht, einen zentralen Plan, oder sehen wir ihn als einen dezentralen, evolutionären Prozess? Denken wir über Fehler in den Kategorien von unentwegten Disastern oder als unabdingbare Bestandteile des großen Experimentierens? Sehnen wir uns nach Voraussagbarkeit und Berechenbarkeit, oder lieben wir Überraschungen? ... Ist Veränderung und Fortschritt immer und nur mit Zerstörung verbunden? Benötigt Veränderung Kontrolle und Planung – oder einen schöpferischen, spielenden Geist?

So formulierte es Virginia Postrel in ihrem Pamphlet »The Future and Its Enemies«,[56] einer der wirklich großen Essays unserer Tage.

Die industrielle Kultur basierte auf der Grundidee der Kontrolle. In hocharbeitsteiligen Produktionsstrukturen mussten Maschinen und Rohstoffflüsse ständig kontrolliert, Menschen für die Maschinen diszipliniert werden. Von Kontrolle geprägte Kulturen fördern das Misstrauen und die Angst vor Veränderung. Wissensökonomische Systeme hingegen können nur effektiv sein, wenn sie auf einen zentralen emotionalen Treibstoff zurückgreifen können: *Vertrauen*. Sie sind High-Trust-Systeme, da nur die Energie des Vertrauens jenen schöpferischen Prozess garantieren kann, der für die höhere Komplexität von Märkten, Produkten und Problemlösungen vonnöten ist.

Der Schlüssel zu diesem Paradigmenwandel liegt im Wesen des Rohstoffs Wissen. Da Wissen immer eine *soziale* Kategorie ist, und da Wissen immer (anders als Information) im »Besitz des Besitzers« bleibt, verschieben sich die Eigentumsverhältnisse, ja sie lösen sich teilweise auf. Kapitalismus basiert auf nichts anderem als auf Eigentums- und Besitzrechten. Fabriken, Grund und Boden, Rohstoffe und Maschinen kann man erwerben und dauerhaft behalten. Wer jedoch Wissen kaufen oder besitzen will, kann ebenso leicht einen Pudding an die Wand nageln. Dort, wo zunehmend Wissen ins Spiel kommt, löst sich das Eigentum in Richtung auf das Individuum (oder einer starken Gruppe) auf.

Natürlich kann man auch im 21. Jahrhundert versuchen, die Mitarbeiter an die Kandare zu nehmen, Wissen aus ihnen herauszusaugen und es meistbietend zu verhökern. Aber das ist erstens sehr viel schwieriger als mit materiellen Produkten, zweitens bleibt es gegenüber den Strategien des Vertrauens eine ungleich unproduktivere Strategie, die die permanente Mühsal von Drohung und Kontrolle mit sich bringt. Das Unternehmen der Zukunft muss also Kontrakte schließen, die auf den Verfügungsrechten der Individualität aufgebaut sind, will es nicht den schnellen Untergang im Markt riskieren. Das ist der Sinn der *employability*, einer Vertragslogik, in der es nicht mehr um lebenslange Garantie, sondern um gemeinsames Wachstum für eine überschaubare Zeit-periode geht.

Die größte Schwierigkeit auf dem Weg zu einer High-Trust-Kultur liegt darin, dass wir alle nicht gelernt haben, uns offen und selbst-ehrlich auszuverhandeln. Wir tricksen. Wir kennen uns selbst nicht. Wir fahren nicht nur mit dem anderen, sondern auch mit uns selbst Schlitten. Der größte Feind des Vertrauens ist die romantische (und narzisstische) Vorstellung, der »andere solle sich ändern«, oder »die Mitarbeiter müssten eben schneller arbeiten«. Vertrauenskulturen setzen ein neues Maß an Realismus und Erwachsenheit voraus. Man kann, in harter Arbeit, sich selbst verändern. Man kann kooperieren und voneinander lernen. Und man muss schmerzhaft verstehen, dass »die anderen« nicht in unserer Verfügungsmacht stehen.

DIE NEUE NACHHALTIGKEIT

Der Begriff der »Nachhaltigkeit« ist vor allem im Zusammenhang mit der Umweltdebatte bekannt geworden. Der Begriff eignet sich hervorragend für Kanzelreden mit naturromantischem Schmelz: Wer Nachhaltigkeit gegenüber der Natur einfordert, erhält Beifall von den Wurzelseppen bis zur Autolobby (auch wenn keiner weiß, wie man diesen Begriff in den offenen, dynamischen Systemen, die unsere Welt ausmachen, anders als »Stillstand« definieren soll).

In den letzten Monaten hat der Begriff jedoch eine steile Zweitkarriere erfahren – und eine Neudefinition. Nicht ganz unschuldig daran waren die Demonstranten von Seattle, Prag und Davos, jene hartnäckigen Protestler, die mit Vorliebe Antiglobalisierungs-Ressentiments mit nationalen Lobby- und Protektionsforderungen zusammenrühren und sich dabei auch noch sehr »global« vorkommen.

In der Reaktion gegen diesen Angriff hat sich ein neues, erweitertes

Dreieck der *sustainability* gebildet. Nachhaltigkeit buchstabiert sich hier als nachhaltige Entwicklung von Gesellschaften und Geschäften, als eine neue Symbiose von Geschäft und Politik. Als eine Art transnationales Empowerment von armen Gesellschaften. Oder aber, in der ersten Welt, als zündende Initiation von bürgerschaftlichem Engagement.

Das neue Dreieck der *sustainability* (Abb. 6):

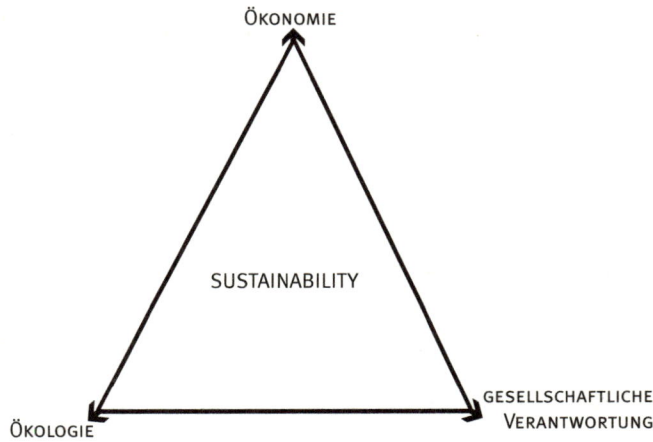

Ein Beispiel unter vielen: Die Deutsche Bank, deren öffentliches Renommee vor einigen Jahren mit dem berühmten Peanuts-Ausspruch ihres Vorsitzenden leiden musste, gehört heute zu den globalen Playern in Sachen gesellschaftliches Engagement. Ihr Nachhaltigkeitskonzept beschränkt sich nicht auf Umweltfragen, obwohl die Bank auch hier strenge Kriterien für ihr Engagement entwickelt hat (so wurde zum Beispiel auf ein Milliardengeschäft beim Bau des Dreiflüsse-Dammes in China verzichtet – aus Umweltgründen). Die Bank entwickelt ein ständig wachsendes System gesellschaftlichen Engagements, ein Feld von Stiftungen und Kooperationen, das sich von der Kunstförderung über die Jugendpädagogik bis zum weltweiten Mikrobanking erstreckt. Bei Letzterem geht der alte, große Riese eine öffentliche Kooperation mit der Grameen Bank von Mohammad Yunus ein – jener legendären Basisorganisation, die mit Kleinkrediten an Frauen in Bangladesh einen neuen Ansatz der Entwicklungsarbeit schuf.

Wir sprechen hier nicht mehr über Peanuts. Auch nicht über Almosen oder die üblichen PR-Maßnahmen. Bleibt die Wachstumsgeschwindigkeit des gesellschaftlichen Engagements der Deutschen Bank konstant, käme in zehn Jahren ein globaler Entwicklungskonzern heraus – mit elfstelligen Etats und einer engen Verflechtung mit Regierungen, lokalen Behörden, Schulinstitutionen und globalen Playern. Ein Charity-Konzern. Ein Verbesserungsmulti.

Immer mehr große Unternehmen suchen sich derzeit Felder sozialen Engagements. Und ausgerechnet in den kapitalistischen USA erlebt dieser Sozialkapitalismus derzeit seine heftigste Blüte. Kein amerikanisches Unternehmen ohne hohe Kontingente an Freiwilligenarbeit für gute Zwecke und großzügige Stiftungskonstruktionen: Aids, Fair Trade, Naturschutz, *neighbourhood help*, Unterstützung von Bildungsinitiativen für sozial schwache Jugendliche, all dies ist längst mit Marken wie McDonald's, Walmart, Microsoft oder Exxon verbunden.[57] Eine gewaltige Explosion von Stiftungsgründungen geht mit dieser Welle einher, denn nun haben private Spender, die ihre Gelder nicht in Hände staatlicher Institutionen oder passiver Verwalter legen wollen, eine Alternative: Die Wirtschaft wirft ihre Managementkompetenzen in die Waagschalen der sozialen Frage.

In all diesen Aktivitäten bahnt sich eine neue Konfiguration an, in der Staat, Gesellschaft, Wirtschaft und globale Institutionen ein neues Abkommen vereinbaren. Kofi Annan selbst, der oberste UN-Botschafter, hat sich dieses neue Kooperationsmodell zu Eigen gemacht. In der Initiative The Global Compact wird umgesetzt, was sich in den Konflikten auf internationalen Konferenzen schon andeutete: die Integration der NGOs in den weltweiten politischen Prozess. Es gilt, die Mächte der Wirtschaft, der Gegenöffentlichkeit und der Weltorganisationen schlagkräftig zu verbinden – ein vor Jahren noch völlig undenkbares Unterfangen, schließlich war jeder damit beschäftigt, die Feindbilder der anderen zu pflegen. Es gehört nicht allzu viel Prophetie zu der Vorhersage, dass in spätestens fünf Jahren Greenpeace-Mitglieder in den obersten Gremien der globalen Umweltschutzorganisationen sitzen werden (was zu einem heftigen Nachdenken über die demokratische Legitimation dieser Organisationen führen wird).

Smart Capitalism in Aktion. Natürlich wachsen die Früchte dieses *corporate citizenship* – und der neuen Public-Private-Partnerships – nicht nur auf dem unschuldigen Acker der Einsicht. Sie basieren auf den Lehren, die aus der neuen Verletzlichkeit der Unternehmen durch eine megakritische Öffentlichkeit gezogen wurden. PR-Katastrophen ließen die Unternehmen darüber nachdenken, wie sie sich offensiv und präventiv in den Stürmen der Globalisierungskonflikte positionieren können. Es handelt sich um Lehren auch aus der harten und heftigen Widerstandswelle gegen die »Turbo-Globalisierung«, in der der raue wirtschaftsfeindliche Ton der Revolte von 1968 wieder aufleuchtete. Lehren aber auch aus den Fragen, die sich die Unternehmen selbst stellen: *Corporate citizenship* ist nicht zuletzt eine Antwort auf die Sinnfrage im »War for Talents«: *Wofür steht dieses Unternehmen? Was sind seine Werte? Warum soll ich mich dort engagieren und nicht anderswo?*

Gerade weil es Lehren sind, wirkt die Hinwendung zur Nachhaltigkeit offenbar nachhaltig auf das Wachstum der Unternehmen. Der Dow Jones Sustainability Group Index, in dem die Unternehmen zusammengefasst sind, die sich konsequenten ethischen Programmen verschrieben haben, hat über Jahre hinweg bessere Börsenkurse erzielt als der Dow Jones. Indem die neuen, globalen Unternehmen zu »Engageuren« werden, durchbrechen sie die Demarkationslinien zwischen Politik und Wirtschaft. Und umgekehrt lassen sich die Energien des Protestes endlich zur Verbesserung der Welt nutzen. Und nicht nur zum Zeigen der richtigen Gesinnung.

SOFT-INDIVIDUALITÄT – DIE ADAPTION DER WERTE

In den Augen des klassischen mitteleuropäischen Kulturpessimisten – also in den Augen der Mehrheit – ist die moderne Kultur ein permanenter Zerstörungsprozess von Werten. Dahinter steckt die Annahme – und der Irrtum –, dass Werte etwas Ewiges darstellen. Wenn wir sie jedoch als Meme definieren, als Verhaltensformeln, die im Unbewussten unsere Gesellschaft steuern (ähnlich wie das vegetative Nervensystem unseren Körper steuert), dann wird klar, dass Werte a) sich ständig verändern müssen und b) niemals zerfallen können. Wie eine Spezies oder bestimmte Verhaltensmuster in der biologischen Evolution passen sie sich den veränderten Lebenswelten der Menschen an – oder sie sterben aus.

Werte wie Ehre gehörten zu einer archaischen Wertewelt, die auf Blut und Genealogie gebaut war. Werte wie Fleiß, Disziplin und Gehorsam waren angepasste Meme in einer industriellen Kultur, in der es darauf ankam, langwierige, gleichförmige Prozesse durchzustehen und in Wert zu setzen. Wie aber sehen jene Werte aus, die für die wissensökonomische Gesellschaft taugen?

Einige habe ich bereits im »Diversity«-Kapitel beschrieben: Toleranz, Höflichkeit, Offenheit, Fairness. Aber die kommende Kultur fördert und fordert noch andere Wertschattierungen, deren gemeinsamer Nenner in dem liegt, was ich in einem früheren Buch einmal »Soft-Individualismus« genannt habe.

Im schlampigen kritischen Diskurs wird »Individualität« oft mit »Egoismus« und »Narzissmus« gleichgesetzt. Hier wird, in oftmals polemischer Absicht, die pathologische Form mit dem Kernwert verwechselt (in derselben Logik wäre »Treue« = »Faschismus«). Individualität selbst ist jedoch etwas völlig anderes. Individualität ist in ihrem Wesen *smart*: Sie basiert auf einem bewusst gelebten und gestalteten Ausgleich zwischen Selbst und Umwelt, Wachstum und Begrenzung.

Noch vor 20, 30 Jahren war der Begriff eher mit »Eigensinn« oder »Kauzigkeit« gleichgesetzt. Wer Individualist war, war Nonkonformist – ein bisschen komisch, ein Sonderling, einer, der nicht dazugehören will – womöglich ein Dickkopf (»Eins hinter die Ohren, dann gibt sich das!«). Im bürgerlichen Bildungsroman bestand Reifung in jenem Prozess der Selbstfindung, in dem man durch Krise und Anfechtung hindurchging und schließlich jene Anpassungsleistung vollzog, die einen zum anerkannten Mitglied der Gesellschaft machte. In der Wissenskultur wird dieses Reifungsmodell nach vorne, in die Zukunft, geöffnet. Die Wissensgesellschaft besteht in ihrem Wesen aus offenen Kontrakten zwischen Individuen. Die Künste der Verhandlung, des Kompromisses, der gegenseitigen Artikulation werden zu Königskünsten. Mit dem Kopf geht es zwar nach wie vor durch die Wand – aber dahinter ist die Einsamkeit.

Der Egoist, der seinen Egotrip auf Kosten anderer lebt, konnte in hierarchischen Strukturen weitaus besser gedeihen als in den Netzwerkorganisationen der Zukunft. Der Narziss, der sein Leben lang vor dem Spiegel verbringt, war eine interessante Spezies in einer Zeit des hedonistischen Aufbruchs. Beides sind zwar Prototypen aus der Archaik des Menschen (und deshalb unsterblich), aber sie sind in Zukunft nur Randfiguren. Smart ist an der Wissenskultur gerade ihr sozial disziplinierender Effekt: Emotionale Intelligenz ist nicht mehr nur ein Aperçu. Sie ist die notwendige Grundlage jedes Erfolges. Damit wird solidarischer Individualismus zur Kernformel der Zukunftsgesellschaft.

GLOKALISMUS – DAS MEHR-LOKALE BEWUSSTSEIN

Die alte Homogenität unserer Mittelstandskultur war eine historische Singularität, die nun, in den globalen Kulturen, zu Ende geht. Aber es gibt etwas, das unsere Angst vor höherer Diversität in unserer Gesellschaft dämpfen kann. Denn es ist kein Zufall, dass Fremdenfeindlichkeit immer in jenen Gegenden am schärfsten und schrillsten einherkommt, in denen es so gut wie keine Fremden gibt. Grölender Rassist kann man in einer Kleinstadt mit 0,1 Prozent Ausländeranteil sein, spätestens in der Innenstadt von London hat man damit ein handfestes Problem.

Die globale Vielfaltsgesellschaft zwingt ihre Mitglieder – bei Strafe des Untergangs – in zivile Verhaltensformen. Da jeder in den größeren Maßstäben unserer Welt Teil einer Minderheit ist, ist man auf Kooperation angewiesen – darauf, dass man vom anderen dieselbe Toleranz erwarten darf, die man selbst zum Leben braucht. Vielleicht ist es ein unbewusster, biologischer Opportunismus, der so die offene Gesellschaft evolutionär absichern wird: Wenn die Alternative zur Toleranz ein Blutbad ist, lernen die Menschen schnell, was zu ihrem Vorteil ist – und zum Vorteil der anderen. Alle ethischen Katastrophen in der Geschichte beweisen im Grunde diese Regel: Wo nur zwei klar abgrenzbare »Volksgruppen« frontal aufeinanderstoßen, kann das Gemetzel beginnen. Wenn eine Kultur jedoch eine gewisse Vielfaltsgrenze überschritten hat, wenn zehn, zwanzig Minoritäten ein neues Patchwork ergeben, springt das kulturelle System auf eine dauerhaft höhere Ebene. Was aber ist mit den tiefen und wahrscheinlich unveräußerlichen Bedürfnissen menschlicher Existenz – nach Wurzeln, Heimat, Verankerung?

Auch hier sollten wir keinen Antagonismus konstruieren, wo keiner ist. Es klingt alles so wunderbar einfach – »Krieg der Kulturen« – »Der Lexus gegen den Olivenbaum« – »Dschihad gegen McDonald's«. Wer ein wenig auf dem Planeten unterwegs ist, weiß, dass diese Frontstellungen nur selten stimmen. Die Allahgläubigen essen nach dem Ramadan fröhlich Big Macs, der knorrige Olivenbauer ist der eigentliche Kosmopolit, und der stahlgraue Vorstand eines globalen Konzerns erweist sich beim genauen Hinsehen als ein echter Hinterwäldler.

In der Welt der Wissensgesellschaft werden sich diejenigen am besten zurechtfinden, für die der Bruch zwischen den örtlichen und ortlosen psychischen Dimensionen keinen unlösbaren Konflikt darstellt. Das hat wenig mit dem gewendeten Heimatkitsch unserer Tage zu tun, in dem sich Regionen weltoffen stilisieren. Es ist eher das Resultat einer harten inneren Anstrengung – und eines Wachstumsprozesses, der uns schließlich auch die agrarische Nostalgie überwinden lässt.

Kosmopolitische Lokalpatrioten hat es immer schon gegeben, und sie gehören zum Kostbarsten, was die Weltgeschichte hervorgebracht hat. Oskar Maria Graf lief jahrelang mit der Lederhose über den New Yorker Broadway, nachdem er vor den Nazis emigrieren musste. Universalgelehrte wie Isaiah Berlin, in Riga geboren, in London emeritiert, haben die Philosophie um Meilenschritte vorangebracht. Peter Ustinov, der geheime Weltpräsident und Guru aller Kosmokraten, weiß selbst schon nicht mehr, wo er eigentlich heimisch ist, kann aber alle seine Heimaten in seiner Persönlichkeit präzise lokalisieren und nach außen kommunizieren.

Die Zukunft gehört den Multiidentitäten, Multiheimaten, die in vielen Schichten übereinander gelagert sind. Wir sprechen Englisch, aber wir bleiben im Herzen Deutsche, Franzosen oder Skandinavier. Oder auch Oberhessen, Holsteiner und Bewohner eines bestimmten Hügels. Die Orte unseres inneren Bezugs werden größer und kleiner gleichzeitig: Aus dem »Bundesland« wird ein Stadtviertel, zur Not tut es auch ein Straßenzug oder ein Hinterhof. Der nationale Rahmen wird durch weiträumigere Landschaften ersetzt: Plötzlich entdecken wir den Reiz des Niederrheins wieder, die herbe Schönheit Nordbayerns oder den schroffen Charme Schottlands. Der Unterschied zum Heimatgedöns früherer Zeiten: Es muss uns nicht mehr den Horizont verengen.

Und der Prozess der Entheimatung geht noch weiter: Wenn Florian Illies eine ganze Generation nach einem Auto benennt (»Generation Golf«), dann zeigt dies, wie wichtig die Ikonen von Mobilität werden. Heimat finden wir plötzlich in Eissorten, Limonadenmarken, Kleidungsstilen, Popgruppen oder Fernsehsendungen unserer Kindheit. Heimat ist im Transit. Das universelle »Retro«, die große Nostalgie, übernimmt die Funktion der Heimatbindung.

Unsere soziale Heimat in Zukunft, das ist unsere weltweite Wahlfamilie, jenes Geflecht aus lieb gewordenen Menschen, mit denen wir eine wichtige Teilstrecke unseres beruflichen oder privaten Lebens zurücklegten. Heimat, das ist unser spezielles Setting an Botschaften und Bildern, die uns bewegten und veränderten. Filmsequenzen. Musikstücke. Gerüche. Die Wissensgesellschaft macht uns wieder zu Nomaden, die im Universum der Symbole und Zeichen als Jäger und Sammler auf Wanderschaft gehen. Die Navigationssysteme unserer agrarischen Vorfahren bleiben intakt, aber sie werden überlagert von einer neuen Freiheit des Weggehens und Wiederkommens.

DER WACHSENDE MENSCH

Die meisten unserer Vorfahren begriffen das Leben als einen statischen, linearen Prozess. Sie waren, im Wortsinn, mit 20 oder spätestens 30 Jahren »fertig« und hatten sich in den sozialen Rollen, die definiert waren durch Geschlecht, sozialen Status und Aus-Bildung (sic!), eingerichtet.

Heute haben wir die Chance, diesen Zirkel zu durchbrechen. In einer Kultur des Wandels werden wir, so ist zu hoffen, mehr als Fragende und Suchende in die Welt gehen. Offenes Werden ist das Fundament der kommenden Kultur – und dieses neue Selbstverständnis zieht sich von der Familie und Partnerschaft bis in die berufliche Sphäre. Wir lernen. Und wir lernen nicht aus. Wir lernen, kritisch gegen uns selbst zu sein. Uns zu spiegeln und schließlich um jene Millimeter zu verändern, die menschenmöglich sind.

Die Kultur des Wissens ist darauf angewiesen, den Menschen nicht festzuhalten, sondern zu *entfalten*. Natürlich geht dies nicht ohne Wachstumsschmerzen. Deshalb meint *Smart Capitalism* keine Kuschelwelt mit Dreifachabsicherung, kein Teamworkparadies, in dem wir alle zu einem einzigen Mentalkollektiv verschmelzen. Es geht um harte Arbeit: Arbeit an der Selbststeuerung des Menschen. Aber auch an Systemen, die ihm dabei helfen können!

Eine Kultur des Lernens und der Reifung erfordert ein anderes Klima, eine grundlegend andere Architektur. Aber auch einen anderen Rhythmus als das schlichte Powerplay der New Economy – wer ständig nur brennt, kann nicht wachsen. Die Firmenzentralen, die heute und in der Zukunft gebaut werden, heißen nicht zufällig »Campus«. Die neue Zentrale des Halbleiter-Unternehmens Infineon im Südosten von München mit dem schönen Namen »Campeon« ist eine Landschaft und eine Stadt zugleich. Ein wellenförmiges, zweistöckiges, weitverzweigtes Gebäude für fast 10.000 Mitarbeiter, das sich ökologisch in die Landschaft einfügt, mit begrünten Dächern und Holzkonstruktionen, mit Restaurantbetrieben und Sportmöglichkeiten. Aufgeteilt in Areale, Arbeits- und Lebenswelten, in denen entweder Gruppenarbeit oder Konzentration, Öffentlichkeit oder Isolation möglich ist.

Unternehmen manifestieren ihre kooperative Identität in neuen Humanarchitekturen und errichten damit zentrale Metaphern und *landmarks* der Wissenskultur. Vieles daran wird an Klöster des Mittelalters erinnern: *Ora et labora*, der Ort der Arbeit und das Laboratorium der Innovation. Die modernen Unternehmen nehmen den Menschen wieder in seiner ganzheitlichen Form auf: als Lernender, Suchender, Forschender, an den Herausforderungen wachsender Mensch.

DIE ÜBERWINDUNG DER SPALTUNGEN

Der alte Kapitalismus, der Kapitalismus des industriellen Systems, fußte auf strenger Separation: Arbeit gegen Kapital, Männerwelt gegen Haushaltssphäre, Privatleben versus Berufsleben, Gesellschaft gegen Wirtschaft, Markt gegen Staat. Diese Antagonismen konstituierten ein duales Denken, das durch ideologische Lager und den Hang zur Schwarzweißlogik geprägt war – in jeder politischen Diskussion kann man heute noch erleben, wie lustvoll auch kluge Menschen in Entweder-oder-Rhetorik verfallen. Die paradoxen Kräfte, die die Gesellschaft ständig in Spannung hielten, mussten durch mächtige Institutionen gebunden und befriedet werden: der Staat als Ordnungsmacht, die Kirchen als Moralwächter, die Gewerkschaften und Unternehmen als Garanten der Klasseninteressen. Institutionen in der Industriegesellschaft mussten deshalb ins Übermächtige wuchern, weil der innere Frieden industrieller Gesellschaften äußerst fragil war.

In der Wissensökonomie werden nun die Grenzen der Sphären durchlässig. Lebens- und Arbeitswelten durchmischen sich, Klassengrenzen verschwimmen, die Ökonomie wird kulturisiert. Damit – und durch die Möglichkeiten der Kommunikationstechnologie – werden Institutionen zunehmend durch unmittelbare Bindungen und Kontrakte zwischen den Menschen ersetzt. Netzwerke statt Institutionen: Das bedeutet höhere Krisenfestigkeit, stärkere Elastizität der Systeme, es bedeutet aber auch als notwendige Konsequenz ein höheres Engagement des Bürgers für die Belange der Gemeinschaft.

Die Ökonomie des Wissens beschleunigt und dynamisiert nun die gesamte Logik des Systems. Wissen diffundiert weitaus schneller in die Wertschöpfungsketten hinein und erhöht die Produktivitätsraten. Transferketten des Wohlstands können sich schneller und nachhaltiger entwickeln. Märkte entstehen, Nachfragen wachsen über Nacht, aus Versorgungsmärkten werden spontane Dienstleistungssektoren mit hoher Arbeitsnachfrage. Die Steigerung der allgemeinen Mobilität führt zu jenem Turboeffekt des Ökonomischen, den wir zehn Jahre lang im bisher längsten Wirtschaftsboom der Geschichte in den USA beobachten konnten.

Wenn wir dieses System richtig zusammenfügen, wird klar, dass es sich nicht nur um einen »Boom«, sondern um einen prinzipiell neuen Typus sozioökonomischer Organisation handelt. Das System ist auf einige essentielle Grundparameter angewiesen. Es benötigt ständig steigende Produktivität und sich ständig ausdifferenzierende Märkte. Es braucht offene Grenzen und Zuzug von (zunächst billigen) Arbeitskräften, die aber in der nächsten Generation auf der sozialen Leiter aufwärts wandern. Es benötigt hohe Mobilitäts- und Flexibilitätsgrade. Es braucht technologische Durchbrüche in regelmäßigen Abständen. Was es nicht braucht, sind spekulative Blasen, die die Finanzwelt ins Stolpern bringen.

Wenn alle diese Faktoren rund laufen, entsteht ein echter Turbomotor für vielfältige Win-Win-Systeme: Der *Smart Capitalism*. Von dem, was viele »Turbokapitalismus« nennen, unterscheidet sich dieses System jedoch gewaltig. Denn das Ganze funktioniert nur unter der Voraussetzung ständiger Investitionen – privat und öffentlich – in den Bildungsbereich. Es funktioniert nur unter der Voraussetzung von Wertentwicklungen: Toleranz, Offenheit, Kooperation. Es benötigt eine hohe Integration der Sozialsysteme und ein gesteigertes Maß an bürgerschaftlichem Engagement. Es funktioniert *nur im Geiste der Kooperation – nicht der Ausbeutung*! Und garantiert nicht als Kommandowirtschaft, die man von Wirtschaftsgipfeln herab exekutiert!

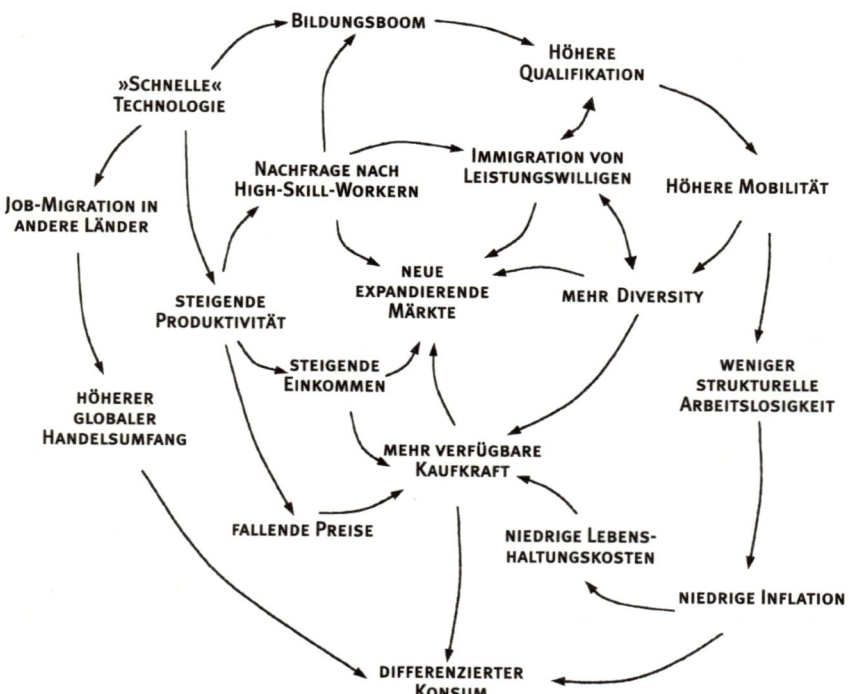

Abb. 7: Win-Win-Kapitalismus

ENVOI

DAS ENDE DER AUSBEUTUNG?

Das Einzige, was wir wirklich fürchten müssen, ist die Furcht.
Franklin D. Roosevelt

Stellen wir uns ein Land vor:
80 Prozent der Bevölkerung lebt von der Hand in den Mund und verfügt über kein wesentliches Eigentum oder Ersparnisse. 30 Prozent der Bewohner sind Hausbedienstete, die unter sklavenähnlichen Bedingungen oft nur für Kost und Logis arbeiten. In einem Teil des Landes herrschen noch gänzlich feudale Verhältnisse, mit Leibeigentum auf großen Gütern. Fünf Prozent der Bevölkerung besitzen 90 Prozent der Güter und des Einkommens. Es gibt nur ein rudimentäres Schulsystem, Kinder in den ländlichen Gegenden gehen nur etwa zu Zweidritteln überhaupt in die Schule. Nur sechs Prozent erreichen eine Sekundarstufe, nur ein Prozent der Bevölkerung erreicht jemals eine Universität.
Von diesem einen Prozent sind sechs Prozent Frauen.
Frauen haben wenige oder gar keine Rechte. Zwar existiert das allgemeine Wahlrecht, aber die alltägliche Realität in den Haushalten sieht – schichtenübergreifend – anders aus.
In einer Arbeiterfamilie ist es nun mal so: Der Mann, der ja arbeiten muss, bekommt von der vorhandenen Nahrung den größten Anteil, auch die Kinder erhalten so viel wie möglich. Übrig bleibt in den meisten Fällen die Mutter, sie begnügt sich mit Abschmecken, wenn zu wenig da ist, und lebt von Brot, Kaffee und Kartoffeln. Die Frau bringt sich der Familie täglich zum Opfer.[58]

Zwar gibt es ein Gesundheitssystem, aber die Geburtensterblichkeit ist hoch, und infektiöse Epidemien wie die Grippe raffen immer wieder Tausende hinweg. Als Betäubungsmittel bei Operationen wird Opium und Lachgas eingesetzt, was zu fürchterlichen Behinderungen führen kann. Die Wohnverhältnisse sind für mehr als die Hälfte der Bevölkerung davon gekennzeichnet, kein fließendes Wasser, dafür aber feuchte Wände zu haben. In vielen Wohnungen herrschen Keime und Bakterien, weil Ziegen, Hühner, Hasen, Esel, ja sogar Kühe den kargen Lohn oder Lebensunterhalt durch Naturalien aufbessern.

In ihrem kulturellen Verständnis ist diese Gesellschaft militarisiert. Jugendliche männlichen Geschlechts werden mit 16 Jahren einberufen, und auch wenn unter zehn Rekruten vier wegen zu geringem Gewicht, Tuberkulose oder anderen Krankheiten abgelehnt werden: Die Chance, in einem Krieg für Kaiser und Vaterland zu sterben, ist hoch. Jugend ist gleichbedeutend mit »Problemfall«. Man versucht, sich so schnell wie möglich alt zu machen, mit zwölf wie 14 und mit 14 wie 20 auszusehen – schon um den Stockschlägen von Eltern, Erziehern oder Polizisten zu entgehen. Dennoch ist diese Gesellschaft eine junge Gesellschaft, denn die Geburtenrate ist hoch.

Auf dem Bürgersteige sitzen und rutschen die ganz Kleinen umher, sodass man sich hüten muss, nicht auf ein Händchen oder Füßchen zu treten ... In dieser von etwa zwei Dutzend umgebenen Seitenstraße sind es genau 218 Kinder ... Auf dem Fahrdamm wird von den Jungen Ball gespielt. Auf den Randsteinen sitzen die Mädchen von fünf bis acht Jahren und spielen Schule – der Unterschied besteht darin, dass der Darsteller des männlichen Lehrers sein Hauptvergnügen im Hauen findet ...

Ein neugeborenes Kind hat eine mittlere Lebenserwartung von 42 Jahren. Nur 10 Menschen von 100 werden älter als 70 Jahre. Fast eine Million Kinder sind in diesem Land Waisen, etwa ein Viertel aller Kinder Halbwaisen. Sie werden in Waisenhäusern gehalten, denen es oft am

Nötigsten fehlt. In den Großstädten sind zwischen 20 und 30 Prozent der Lebendgeburten unehelich.

In der Arbeitswelt herrscht harte, körperliche Anstrengung. Die Normarbeitszeit liegt bei zehn Stunden am Tag, der Durchschnittslohn bei 80 Pfennig pro Stunde. Ein Brot kostet 50 Pfennig, eine Wohnung in einem Arbeiterwohnheim, zwei Zimmer, keine Heizung, kostet 50 Mark. Urlaub gibt es nicht.

Innerhalb von drei Jahren verlassen 1,8 Millionen Menschen das Land auf Nimmerwiedersehen.

Ein europäisches Land im Jahr 1900. Deutschland, inmitten der industriellen Revolution.[59]

DER LANGE MARSCH DES KAPITALISMUS

Niemand bezweifelt, dass Epochenübergänge Krisenphänomene erzeugen. Aber haben wir heute nicht ungleich bessere Chancen, den kommenden Übergang zu bewältigen? Ist die »Dritte Welle« (Alvin Toffler) vom Industriezeitalter in die Wissensökonomie nicht ungleich leichter zu gestalten als der letzte Übergang, in dem die Welt von der agrarischen Lebensweise in die Industriekultur stolperte?

Wenn wir uns heute mit einer Zeitmaschine in die sechziger Jahre beamen lassen könnten, würden wir auf Anhieb verstehen: Die Potentiale an Bildung, Wohlstand, Intelligenz, Bewusstsein sind innerhalb weniger Jahrzehnte gigantisch angewachsen. In spätindustriellen Gesellschaften wie den USA, Schweden, selbst Frankreich haben 30 bis 40 Prozent der jungen Generation heute einen Hochschulabschluss. In den frühen sechziger Jahren waren es in einem durchschnittlichen europäischen Land höchstens fünf Prozent. 76 Prozent der Erwachsenen der Erde können heute lesen, 1990 waren es erst 64, in den sechziger Jahren 42 Prozent. Immer mehr Kinder weltweit gehen in die Schule, vor allem Mädchen: Deren Einschulungsquote auf der Sekundarstufe stieg von 36 auf 61 Prozent.[60]

Auch die Ressourcen des Bewusstseins sind gewaltig gestiegen. Es mag weniger Menschen geben, die Goethes »Faust« aufwendig aufsagen können, aber in allen unseren vernetzten Bekanntenkreisen finden sich ungleich mehr Menschen, die einen gewissen Grad von selbstverantworteter Freiheit, von eigenständiger Würde errungen haben. Es gibt zivile Selbstverständlichkeiten, demokratische Gepflogenheiten, die wir als selbstverständlich voraussetzen, die aber in Wirklichkeit Resultat eines langen, schwierigen, am Ende erfolgreichen Lernprozesses sind.

Zwei Drittel aller Nationalstaaten gehören heute, am Anfang des dritten Jahrtausends, zu den Demokratien – in der Endphase des Kalten Krieges waren es nur 40 Prozent. Langsam und mit Rückschlägen zerbrechen die großen Lager der politischen Totalität. Die Brüller, die das 20. Jahrhundert in die Katastrophe trieben, haben sich zumindest hinter die Berge zurückgezogen.

Zu den zähen Mythen des ideologischen Denkens gehört immer wieder das »ständige Anwachsen der sozialen Unterschiede«. Sollte unsere Erfahrung der letzten 50 Jahre uns nicht eines Besseren belehren? Es ist der Mittelstand, der in der spätindustriellen Welt der große Gewinner ist. Keineswegs nur der europäische: Allein die asiatische Mittelschicht besteht heute aus über 500 Millionen Menschen, im Jahre 2010 werden es aller Voraussicht nach 700 Millionen sein.[61] Dutzende von Ländern sind in den letzten 30 Jahren vermittelschichtet – noch vor wenigen Jahrzehnten waren Südkorea, Taiwan, selbst Japan, Bauernnationen. Die Länder mit den besten Wachstumsprognosen für die nächsten zehn Jahre sind Äquatorial-Guinea, Turkmenistan, Marokko, Mosambik, China, Albanien, Malaysia und Mauritius.[62]

Eine Milliarde Menschen gehört heute ungefähr zu dem, was wir »Mittelschicht« nennen. Und weitere zwei Milliarden sind auf dem Weg in diesen seltsamen Zustand.

All dies soll nicht die gigantischen Armutsprobleme verharmlosen. Es sagt uns nur, dass unter den heutigen Trends mittel- und langfristig eine Besserung der globalen Probleme einsetzen wird, wenn wir die Botschaft des Smart Capitalism weitertragen. Unter dem Strich treten jeden Tag mehr Menschen in den Wohlstand ein, als aus ihm entlassen werden. Das Abflachen des weltweiten Bevölkerungswachstums wird in der Mitte dieses Jahrhunderts dazu führen, dass diese Trends nachhaltig werden. Im Jahre 2100 wird Hunger nach aller Voraussicht ein seltenes Schicksal sein.

Mittelschichten haben eine andere Sicht der Dinge. Sie haben die Freiheit – und die Ressourcen –, über Themen wie Umweltqualität und die Erziehung ihrer Kinder nachzudenken. Sie sind interessiert an Demokratie, Weiterentwicklung des Wohlstands, Kultur und Genuss. Auch dass andere an diesem Wohlstand teilhaben, ist dem Mittelstand alles andere als egal. Was zum Beispiel das exorbitante private Spendenaufkommen für soziale Zwecke in den USA zeigt – 720 Milliarden Dollar pro Jahr, in Geld und Zeitinvestition.[63]

DAS GESPENST DES »NEOLIBERALISMUS«

Und was ist mit dem viel zitierten »Neoliberalismus«, der unsere Gesellschaften über kurz oder lang in ökonomisch-kalte Einöden verwandeln wird? Er ist eine populistische Chimäre, ein Popanz, der den Populisten von links und rechts gleichermaßen ans Herz gewachsen ist. Wer heute mit einem CEO von Nokia diskutiert, wird selten einen Kommentar gegen die hohen Steuern in Finnland vernehmen. 60 Prozent Spitzensteuersatz, so die implizite Botschaft, sind dann in Ordnung, wenn man dafür das Äquivalent einer erstklassigen Bildungsstruktur und einer funktionierenden Infrastruktur erhält.

Es geht längst nicht mehr um die alte Frage »Staat oder Wirtschaft«.

Ein starker Staat und eine dynamische Wirtschaft schließen sich nicht prinzipiell aus. Dynamische Gesellschaften mit hohen Win-Win-Graden können in den unterschiedlichsten Melangen entstehen: Der fast schon gemütliche Kooperatismus der Niederländer, die High-Tech-Sozialstaaten der Skandinavier sind auf völlig andere Weise konstruiert als der Individualanarchismus Italiens. Und doch sind alle gangbare Wege, die sich der Modernisierung nicht verschließen. Auch raffinierte Kombinationen können Erfolg im neuen Spiel der Wissensökonomie haben, wie etwa die Synthese aus Weltoffenheit und beinhartem Provinzialismus, mit dem die Schweizer ihre Position optimieren. Und selbst altmodische Strukturen können von Vorteil sein – die dynamischen Familien-Kleinbetriebe Norditaliens haben, in sinnvoller Symbiose mit dem Chaos des italienischen Staates, den oberen Teil des Stiefels zur wohlhabendsten Flächenregion Europas gemacht.

Die viel kritisierte Vielfalt Europas wird sich am Ende als segensreich erweisen. Und die viel beschworene Krise des Nationalstaats wird sich als sinnvolle Normalisierung herausstellen. Die Globalisierung entzieht den Nationalstaaten ja vor allem jene Anmaßungen, mit denen sie sich seit 200 Jahren in die Geschicke ihrer Bürger eingemischt haben. Sie verringert die Möglichkeiten der Bevormundung. Die europäischen Nationalstaaten gründen auf einer Tradition der Hörigkeit und der Abhängigkeit. Allzu lange wollten sie den Bürger regieren und jeden gesellschaftlichen Konflikt vereinnahmen, bei gleichzeitiger Abschottung nach außen. Der frische Wind des globalen Marktes und der offenen Grenzen öffnet nun die Tore dieser eisernen Allianz.

All dies entbindet uns nicht der wichtigsten politischen Aufgabe der nächsten Jahrzehnte: dem Errichten funktionsfähiger und *demokratischer* supranationaler Systeme. Natürlich muss die europäische Union eine verfasste Demokratie werden, deren Kompetenzen von den Bürgern nachvollziehbar und kontrollierbar werden. Natürlich besteht eine der vornehmsten Aufgaben jedes globalen Engagements darin, die UNO für die Konflikte und Krisen der Zukunft fit zu machen – die Weltpolizei ist eine unvermeidbare Konsequenz des globalen Systems. Aber die Angst, der Nationalstaat wäre überflüssig, ist übertrieben. Je höher die Vielfalt, desto dringlicher benötigt die offene Gesellschaft eine effektive Legislative und Exekutive. Aber desto weniger braucht sie das nationale Sozialamt alten Typs!

Im Zentrum all dieser Prozesse steht immer wieder die Gretchenfrage: Ist Markt »an sich« etwas Positives? Oder ist er das Böse, das man bekämpfen, eingrenzen, regulieren muss, wo immer man kann? Wir nähern uns einer Antwort. Der Markt nützt allen nur dann, wenn alle Größen in die Preise eingehen – auch die immateriellen. Markt kann nur dann human sein, wenn es auch für Humanität einen Preis gibt. Markt braucht strenge Regeln, aber keine Regulierungen. Und Markt-Gesellschaften sind immer dann besonders human, wenn in ihnen der Geist des Mäzenatentums, der Großzügigkeit, des Überflusses herrscht.

Das ist das zweite große Projekt der nächsten Phase des Kapitalismus: Die Inwertsetzung der Lebensqualitäten. Dass unsere Flüsse heute sauberer sind als vor 30 Jahren, liegt an technischen Lernprozessen, die durch die Nachfrage nach intakten Lebenswelten und den Einfluss einer zunehmend kritischen Öffentlichkeit beschleunigt wurden. Gesunde Umwelt bekam einen Preis und eine Nachfrage, und sie verbündete sich mit dem Luxus der Effektivitätssteigerung. Ökologie wurde durch Ökonomie repariert: Man wird die Alpen nicht zerstören, wenn die Touristen Natur nachfragen. Man wird die seltene Spezies nicht ausrotten, wenn sie einen lukrativen Markt erzeugen kann.

Auswüchse wie BSE, atomare Unfälle, *global warming* entstehen nicht aufgrund von Marktgesetzen, sondern weil der Markt *nicht* funktioniert. Der Wert von Natur, die Unversehrtheit der Menschen, gingen ins Geschäft nicht ein. Die Angst, dass »alles, auch die seelischen Bereiche des Menschen, brutal vermarktet werden«, stammt hingegen aus einer beschränkten Wahrnehmung des Ökonomischen. Alles – auch unser privatestes Verhältnis – hat einen Markt. Wenn wir lieben, heiraten, Kinder bekommen, dann ist dies Resultat eines komplexen »Marktprozesses«, indem wir unsere Fähigkeiten, unser Aussehen, auch unsere Makken und Fehler (und unsere Bereitschaft, uns vom Gegenüber verändern zu lassen) auf den »Markt der Liebe« bringen.

Die Furcht vor dem Markt ist die Furcht vor dem Leben. Wenn seine Vielfalt groß genug geworden ist, entwickelt sich in seinem Inneren die Komplexität des Humanen. Komplexe Märkte entwickeln eine Unzahl von Nischen, Pufferzonen, Gegenwelten. Das zeigt uns auf verquere Weise das Beispiel »Big Brother«. Hier wird plötzlich das Alltägliche, Profane, ja Peinliche bezahlt: Aus Prolls werden Stars. In den Märkten der Zukunft werden immer mehr scheinbar marktferne Dinge bewertet: Privatheit, Unerreichbarkeit, Eigen-Zeit und Eigensinn, Kreativität. Wer wirklich wohlhabend ist, investiert in Möglichkeiten, sich die materiellen Dinge vom Leib zu halten. Askese wird kostbar, und vieles wird nicht mehr in Geld bezahlt, sondern in anderen, komplexeren Äquivalenten: Aufmerksamkeit, Wissenstransfer, Kompetenz, Beziehungen werden zu Währungen.

DAS ALTE VERSPRECHEN

Von den Ursprüngen der agrarischen Marktgesellschaften über die industriellen Kulturen bis in die globalen Turbokapitalismen zieht sich eine Spur der Emanzipation des Menschen, in der dieser vom Gegenstand zum Subjekt wird. Die Wissensökonomie hat sich immer wieder in der Geschichte angekündigt – als Verheißung, als regionale Blüte, als Vorwegnahme oder Utopie. Immer schon entstand in bestimmten historischen Episoden ein kulturelles Feuer, das einen Sprung auf eine höhere zivilisatorische Komplexitätsstufe einleitete. Die griechische Antike, Byzanz, die Renaissance sind Marksteine für diese Initialzündungen, Beschleunigungsphasen entlang des großen Vektors der menschlichen Geschichte, Zwischenetappen auf dem langen Weg in eine humane Kultur.

Wissensökonomie bedeutet in der langfristigen Sicht nichts anderes als dies:

- Immer mehr Tätigkeiten des alltäglichen Lebens sind durch geistige Schöpfung gekennzeichnet; Wiederholung und Monotonie nehmen ab, die Bindung an Produktion und Reproduktion lockert sich.
- Immer weniger Menschen müssen durch pure Körperkraft und wiederholende Tätigkeiten ihr Auskommen finden oder ihr Überleben sichern.
- Immer mehr Menschen kommen in den Besitz von höherer Bildung und haben Zugang zu informellen Systemen.
- Immer mehr Menschen lernen – unter Schmerzen –, kompetente Verantwortung für sich selbst und andere zu übernehmen.
- Immer mehr Menschen gestalten ihr Leben aktiv, anstatt es zu erleiden – in Kooperation mit anderen.

	AGRARISCHE GESELLSCHAFT	INDUSTRIELLE GESELLSCHAFT	WISSENS- GESELLSCHAFT
SINN DER ARBEIT	ÜBERLEBEN	MEHR STATUS UND REICHTUM	TEIL EINES BIOGRAPHISCHEN PLANES
ICH-IDEAL	RESPEKT DURCH DIE HERRSCHENDEN	MATERIELLER ERFOLG	AUTONOMIE UND SELBST- KOMPETENZ
MACHTAUSÜBUNG	DURCH GEBURT BESTIMMT	DEMOKRATISIERT UND TEILWEISE GETEILT	IN KOOPERA- TIONEN
KONFLIKTE	UNTERDRÜCKEN	MANAGEN	DARAUS LERNEN
SOZIALE IDENTITÄT	DORF UND ORT	SCHICHT UND KLASSE	ICH UND MEIN NETZWERK

Abb. 8: Die Werte-Cluster der Menschheitsepochen

Natürlich wird Ausbeutung niemals aufhören. Sie gehört zum Menschen, wie die Gewalt, der Hass und die Liebe. Aber Ausbeutung wird mehr und mehr eine Metapher für erfolglose Strategien. Damit die zarten Sprösslinge des Smart Capitalism, die im Boom der New Economy ihre Köpfe aus dem Boden streckten, wachsen können, bedarf es bestimmter Voraussetzungen. Der Massenwohlstand muss erhalten bleiben und sich mehren. Der Anteil der selbstständigen Wissensarbeiter muss sich weiter erhöhen, damit die Inhaber der Humanressource tatsächlich *die Wahl* haben. Die Öffnung der Märkte muss weitergehen, damit der Zwang zur Innovation anhält, der im Kern die Nachfrage nach menschlicher Intelligenz bedingt. Nur wenn der evolutionäre Druck der Globalisierung aufrechterhalten wird, kann *smartness* von wenigen Pionierunternehmen auf die ganze Breite unserer Soziokultur überspringen – und auch anderen Kulturkreisen steigenden Wohlstand bringen.

DIE RÜCKKEHR

Am Anfang war ein Versprechen.

Kehren wir zurück an den Anfang des Geschehens, in das Loft-Gebäude am Rande der Großstadt. Auf dem Parkplatz stehen jetzt neue Golfs und einige dunkelgraue 7er BMW. Ein Jahr nach dem wilden Frühling der Dot.coms ist unser Unternehmen wieder kleiner geworden, und das ».com« ist aus seinem Namen verschwunden. Man belegt nur noch eine Etage, in die andere ist ein Bio-Versandhandel mit eigener Back- und Röststube eingezogen. Im Treppenaufgang riecht es nach jener leicht säuerlichen Mischung aus Körnerbrot, Fenchel- und Früchtetee, die, BSE sei Dank, das zukünftige Geruchsuniversum der Menschheit prägen wird.

Von den 120 Mitarbeitern sind 50 gegangen oder man hat sich von ihnen getrennt. Vom Rest blieben nur 20, 30 neue kamen hinzu. Stille und Konzentration herrscht vor den Reihen der Rechner. Keiner raucht. Die Popmusik ist ausgestellt.

»Wir gehen jetzt alle früher nach Hause«, sagt der Vorstandsvorsitzende. Er ist deutlich älter geworden. Statt eines zu großen Anzugs trägt er einen Rollkragenpullover unter einem schlichten schwarzen Jackett. »Außer unseren *poweroldies*, die arbeiten 14 Stunden. Mindestens.«

Er stellt mir die »neuen Leistungsträger« des Unternehmens vor, zwei braun gebrannte *business angels* zwischen 60 und 70 Jahren. Der eine kommt aus einem großen Verlagshaus, das seine Topmanager mit 60 zwangsentlässt, der andere wollte es nach einer langen Karriere als Handelsmanager »noch einmal wissen«. Die beiden machen in Optimismus und bringen, da sind sie ganz sicher, »die Sache in den schwarzen Bereich«. »Spätestens im nächsten Frühjahr schreiben wir ein ordentliches Plus«, sagt der Vorstandsvorsitzende erleichtert. Er sieht immer noch müde aus und tippt ständig in seinen *handheld*.

Irgendwo in der Küche, neben dem Tischfußball in der markierten Raucherzone, sitzt Anna H. und spielt das Killer-Spiel »Quake« auf ihrem vernetzten Laptop. Nur ihre Sonnenbrille hat sie zugunsten eines verspiegelten Modells gewechselt. Sie ist jetzt »so was wie eine Betriebsrats-Maus«. Sie kümmert sich um die Rechte der Angestellten, die inzwischen fast alle zu halbwegs normalen Löhnen arbeiten und überwiegend ihre Aktienoptionen aufgelöst haben. »Wir haben einen Verein gegründet, außerhalb der Gewerkschaft, aber irgendwann brauchst du so was«, sagt sie trotzig.

Enttäuscht? Resigniert? Revolution abgeblasen? Fühlt sie sich nicht betrogen, weil sie mindestens ein Jahr für wenig Geld gearbeitet hat und ihre Aktienoptionen nun nichts mehr wert sind?

Sie überlegt. »Das war es wert. Irgendwie kriegst du das ganze Puzzle zusammen. Jedenfalls machst du nie mehr, was andere wollen. Du gehst nicht mehr in einen Betrieb, wo du wie ein Legionär behandelt wirst. Egal, was es kostet.«

Und dann, etwas kleinlauter:

»Na ja – fast egal.«

Der kurze Frühling der Dot.coms war ein Aufleuchten am Horizont. Ein Vorgeschmack einer Welt, in der der smarte Rohstoff des Wissens ins Zentrum alles Ökonomischen rückt. Viele haben vor allem das Glitzern des Geldes gesehen, sie haben sich blenden lassen. Doch die Neue Ökonomie handelte in Wahrheit niemals von Garantien, weder von endlos steigenden Aktienkursen noch von unendlich genialischen Unternehmern. Technologie war ihr Thema, aber nicht ihr Kern. Sie handelte von einem viel tiefer gehenden Versprechen, dem wir, trotz allem, ein wichtiges Stück näher gekommen sind.

Dem Versprechen, dass wir das Bedürfnis nach Wettbewerb und Wetteifern mit einer sozialen, schöpferischen und menschlichen Komponente versehen können.

Dem Versprechen, dass wir gute Arbeit leisten können – Arbeit, die eine Bedeutung hat und die zu etwas wirklich Neuem und Kreativem führt.

Dem Versprechen, dass wir Wohlstand damit erzeugen können, dass wir die Werte leben, die uns am Herzen liegen.

Dem Versprechen des *Smart Capitalism*.

LITERATURVERZEICHNIS

1 Wirtschaftswoche vom 25.5.2000, S. 51.

2 David Bovet/Joseph Marta: Value Nets – Breaking the Supply Chain to Unlock Hidden Protests, New York: John Wiley and Sons 2000.

3 Der Internetführer über das Leben, das Universum und den ganzen Rest: www.h2g2.com.

4 Thomas Häusler: »Die neue Macht der Patienten«, Facts 50/2000, S. 116.

5 Die komplette Geschichte von Bugoynes schrieb Anja Jardine in Spiegel Reporter 11/1999.

6 Chip Bayers: »Capitalist Econstruction«, Wired Magazine, 3/2000, S. 216.

7 Robert Gordon: »Does the New Economy Measure up to the Great Inventions of the Past?«, www.nber.org/papers/w7833.

8 Zitiert nach: Anno Muoio: »The Philosopher«, Fast Company, 7/1999, S. 140.

9 Stan Davis/Christopher Meyer: Future Wealth, Harvard Business School Press 2000.

10 Alle Daten aus: J. P. Morgan: The Evolution of Retirement«, Quellen: OECD Economist 4/1999, S. 76.

11 Melanie Warner: »Where Have All the Beemers Gone?«, Fortune 15.05.2000.

12 Schätzung des Statistischen Bundesamtes Wiesbaden.

13 Das Magazin hat inzwischen 300 Seiten Umfang pro Ausgabe und über eine halbe Million Auflage – es gilt als die Rakete am Zeitschriftenhimmel (fastcompany.com).

14 Aus Kimberley Seltzer/Tom Bentley: The Creative Age – Knowledge and Skills for the New Economy, DEMOS-Broschüre 1999 (mail@demos.co.uk).

[15] Bolko v. Oetinger: Das Boston Consulting Strategie-Buch. Die wichtigsten Managementkonzepte für den Praktiker. Völlig überarbeitete Neuausgabe, München: Econ 2000.

[16] Die Boston Consulting Group entwickelt derzeit Workonomics-Kennzahlen, um diesen Faktor zu messen. Damit werden zum ersten Mal die Humanressourcen messbar – Talente und Motivationen, Intelligenz und die Qualität der Firmenkultur entscheiden über den Wert des Unternehmens am Markt!

[17] Vgl. managermagazin 4/2000, S. 156. Das Wort »Workonomics« wurde von der Boston Consulting Group erfunden, siehe auch: Bolko v. Oetinger: Das Boston Consulting Group Strategie-Buch, München: Econ 2000.

[18] Dr. Pierre Mornell u. a.: Games Companies Play – the Job Hunter's Guide to Playing Smart & Winning Big in the High-Stakes Hiring Game, California: Ten Speed Press 2000.

[19] Dr. Pierre Mornell u. a: Games Companies Play – The Job Hunter's Guide to Playing Smart & Winning Big in the High-Stakes Hiring Game, California: Ten Speed Press 2000.

[20] Siehe auch: »Enough Is Enough – Downtiming the New Economy«, Trendletter 16.10.2000, S. 4.

[21] In: »Börsenfieber«, Wirtschaftswoche Nr. 12/2000, S. 222.

[22] Dass solche Programme auch für klassische Produktionsbetriebe funktionieren und zur Verringerung der Fluktuation dringend vonnöten sind, zeigen amerikanische Beispiele: Der Consulter Brad Hill richtete dort Beteiligungsmodelle selbst für Schlachthöfe ein (Fast Company, 12/2000, S. 74).

[23] Spiegel 25/2000.

[24] Studie von TMP worldwide, in: »Family First is Job One«, Trendletter 7.9.2000, S. 4.

[25] Harvard University Radcliffe Public Policy Center, in: »Family First Is Job One«, Trendletter 7.9.2000, S. 4.

26 Werner Lantaler/Johanna Zugmann, Die Ich-Aktie, Frankfurt: Frankfurter Allgemeine Buch 2000.

27 Aus: Robert Wright: Nonzero – the Logic of Human Destiny, New York: Pantheon Books 2000, S. 149.

28 »Family First Is Job One«, Trendletter 7.9.2000, S. 4.

29 »The Cyber-Nomads«: Newsweek Special Issue, 12/2000, S. 91.

30 Amerikanische Großstädte verzeichnen noch ein leichtes Bevölkerungswachstum, während die europäischen Metropolen London und Paris seit etwa zehn Jahren schrumpfen. Die »Mega-Cities« der Schwellenländer funktionieren nach wie vor nach den Regeln des Übergangs agrarischer zu industriellen Gesellschaften – sie sind Ergebnisse kollektiver Landflucht.

31 Aus: Bill Breen: »Where Are You on the Talent Map«, Fast Company, 1/2001, S. 102.

32 »Studieren im Kühlschrank«, ZEIT Wissen, 26.10.2000, S. 37.

33 G. Pascal Zachary: Die neuen Weltbürger. Einwanderungsgesellschaften gehört die Zukunft, München: Econ 2000.

34 Siehe u.a. »Neue Bedingungen. Mit sanftem Zwang und viel Pädagogik sorgt Holland für die soziale und berufliche Integration der Zuwanderer«, Wirtschaftswoche Nr. 4/2000, S. 34.

35 »Das Andere ist mir selbst der Nächste«, Süddeutsche Nr. 249, S. 17.

36 So bietet zum Beispiel das »Medienbüro Kathrin Rohnstock« für einen Durchschnittspreis von 15.000 DM das Verfassen der eigenen Biographie an (Wirtschaftswoche vom 7.12.2000, S. 195).

37 Dieter Thomä: »Wer stehen bleibt, lebt verkehrt«, Weltwoche vom 2.11.2000, S. 77.

38 Siehe z.B. »Tales of Mended Lifes«, Newsweek 10/2000, S. 69.

39 Keith H. Hammonds: »Family Values«, Fast Company 12/2000, S. 168.

40 Christiane Reymann: »Superglückliche Malocher – arbeiten bei einer Internetfirma«, ZEIT Nr. 29, 13.07.2000.

[41] Arlie Russel Hochschild: The Time Bind – When Work Becomes Home and Home Becomes Work, New York: Henry Holt 1997.

[42] Gisela Erler: »Die Postindustrielle Lebens- und Arbeitswelt«. In: Die Abendröte der Industriegesellschaft, Chance für Frauen? Konrad-Adenauer-Stiftung 2000.

[43] In der Tat ist die These sozialer Polarisierung in den meisten Ländern statistisch nicht belegbar. In etwa der Hälfte der europäischen Staaten nimmt die Einkommensgleichheit sogar zu, weil seit mehreren Jahrzehnten die unteren Löhne überproportional angehoben werden. (IWD) In den USA steigen seit eineinhalb Jahren auch die Niedriglöhne kräftig an. Deutliche Polarisierungen gibt es vor allem in süd- und mittelamerikanischen Ländern, in Großbritannien und einigen Ländern des fernen Ostens. In den allermeisten Ländern, selbst in den armen, gilt jedoch die Regel: »Die Reichen werden immer reicher, aber die Armen auch« (Global Outlook, OECD-Berichte).

[44] Rainforest Action Network: www.ran.org.

[45] Jesse Redmann, IBM-Forscher in Austin, zitiert nach: Stern 45/2000, S. 134.

[46] John Naisbitt: High Tech/High Touch, Hamburg: Signum1999.

[47] Siehe z.B. »Productivity on Stilts«, Economist 10.07.2000, S.112, oder »Beyond the business cycle«, Economist 23.10.2000, S. 112.

[48] Die vollständige Geschichte von Webhouse Club findet man in: »Trial by Fire«, Business 2.0 (USA-Ausgabe), 26/2000, S. 78.

[49] Siehe auch: The Hollow Promise of Internet-Banking, Economist 11.11.2000, S. 115.

[50] US-Trendletter vom 7.11.2000: »Take Your Technology and Unplug It«.

[51] Marc Andressen in einem Interview mit Fast Company 2/2001, S. 122.

[52] Andy Law: Creative Company – How St. Luke's Became the Ad

Agency to End All Ad Agencys, New York: John Wiley and Sons 1999.

[53] Howard Schulz/Dori Jones Lang: Die Erfolgsstory Starbucks, Hamburg: Signum 2000.

[54] Trendletter 5/2000, S. 5.

[55] Robert Wright: Nonzero – The Logic of Human Destiny, New York: Pantheon Books 2000.

[56] Virginia Postrel: The Future and Its Enemies – The Growing Conflict over Creativity, Enterprise and Progress, New York: The Free Press, 1998. Siehe auch die Website: www.dynamist.com.

[57] Siehe z.B. Malcolm McIntosh/Deborah Leipziger/Keith Jones/Gill Coleman: Corporate Citizenship, London: Financial Times Buch 1998.

[58] Ute Frewert: Frauen-Geschichte, Frankfurt 1986.

[59] Quellen u.a.: Edward P. Tannenbaum: 1900 – die Generation vor dem großen Krieg, Frankfurt/Berlin/Wien: Ullstein 1978; A. Nitschke/ G.A. Ritter/ D.J.K Peukert/ R. vom Bruch: Jahrhundertwende – der Aufbruch in die Moderne, Reinbek bei Hamburg: Rowohlt 1990; Rolf Schwendter: Zur Geschichte der Zukunft, Frankfurt/Main: Syndikat, 1982; Horst Albert Glaser: Deutsche Literatur – eine Sozialgeschichte, Bd. 8, Jahrhundertwende, Reinbek bei Hamburg: Rowohlt, 1982; Recherche des gesamten historischen Abschnitts von Albert Sellner.

[60] Worldwatch Institute, OECD-Archiv.

[61] Siehe auch: Peter Leyden/Peter Schwartz/Joel Hyatt: The Long Boom, London/New York: Texere 2000, S. 230.

[62] GPP growth forecast 2001, Economist 6.01.2001, S. 94.

[63] Gemeinwohl: Noch lange nicht im Abseits, IWD 4/2001, S. 6.